	たり	たら	たり	たり	たる	たれ	たれ	ラ変	①完了（…た・…てしまった）②存続（…ている・…てある）
	たし	（たく） たから	たく たかり	たし	たき たかる	たけれ	○	形容詞	①希望（…たい・…てほしい）
	けむ	○	○	けむ	けむ	けめ	○	四段	①過去推量（…ただろう） ②〔過去の〕原因推量（〔どうして／～だったので〕…たのだろう〕 ③〔過去の〕婉曲・伝聞（…たような・…たとかいう）
終※1 （ラ変は体）	らむ	○	○	らむ	らむ	らめ	○	四段	①〔視界外の〕現在推量（今頃は…ているだろう） ②原因推量（〔どうして／～なので〕…なのだろう） ③婉曲・伝聞（…のような・…とかいう）
	らし	○	○	らし	らし	らし	○	無変化	①〔確かな根拠にもとづく〕推定（…らしい）
	べし	（べく） べから	べく べかり	べし	べき べかる	べけれ	○	形容詞	①推量（…だろう）②当然（…はずだ・…べきだ） ③可能（…できる）④意志（…しよう） ⑤命令（…しろ）⑥適当（…がよい）
	まじ	（まじく） まじから	まじく まじかり	まじ	まじき まじかる	まじけれ	[illegible]	[illegible]	①打消推量（…ないだろう）②打消当然（…はずがない・…べきでない） ③不可能（…できない）④打消意志（…しないつもりだ） ⑤禁止（…するな）⑥不適当（…ない方がよい）
	めり	○	（めり）	めり	める	めれ	[illegible]	[illegible]	①推定（…ようだ） ②婉曲（…ようだ・…と思われる）
	なり	○	（なり）	なり	なる	なれ	[illegible]	[illegible]	①推定（…ようだ） ②伝聞（…という・…だそうだ）
体 体言	なり	なら	なり に	なり	なる	なれ	[illegible]	[illegible]詞	①断定（…である） ②存在（…にある・…にいる）
	ごとし	○	ごとく	ごとし	ごとき	○	[illegible]	[illegible]	①比況（…のようだ） ②例示（…など）
体言	たり	たら	たり と	たり	たる	たれ	たれ	形容動詞	①断定（…である）
サ未 四已	り※2	ら	り	り	る	れ	れ	ラ変	①完了（…た・…てしまった） ②存続（…ている・…てある）

※1…ラ変型に活用する語（＝①ラ変動詞／②形容詞〔カリ活用〕・形容動詞／③ラ変型・形容詞型〔カリ活用〕・形容動詞型に活用する助動詞）の場合は、その連体形に接続する。
※2…サ変動詞の未然形、または四段動詞の已然形（命令形）に接続する。

古文
レベル別問題集

4 中級編

東進ハイスクール・東進衛星予備校 講師
富井 健二
TOMII Kenji

東進ブックス

❶ はじめに

時間の限られた受験生にとって無駄は禁物。解説が冗長で内容理解に時間を要する問題集はよくありません。志望校レベルに最短距離で到達するためには、今の自分の学力に合った問題と**一切の無駄を省いた解説が掲載された問題集**を使って学習する必要があります。

本シリーズは、膨大な入試問題データベースから「学力を伸ばす良問」を厳選し、その難易度・問題形式等を分析してレベル別に再編[*1]した問題集です。解説文は徹底的に無駄を省きながらも、解答する過程で一切の疑問点を残さぬよう、有効な情報[*2]はふんだんに盛り込んであります。また、読解しながら単語・文法の知識[*3]も深められるようになっています。

本書「レベル④」は、全国の中堅私大から有名私大レベルの大学および共通テストで高得点を狙う受験生が対象になっています。「レベル③」との明確な相違点は、文脈よりも知識を重視した古文（単語）の問題、共通テストよりもさらに難易度の高い文法問題、古文常識や作品常識が既知であることが前提の文章などの私大特有の問題が選択されている点にあります。

本書は厳選された12題の良問で構成されています。それぞれジャンルの異なる作品ですので、どんどん解いていくうちに様々な形式の読解法を習得することができます。「レベル②」で培った読解力を一気に高めてしまいましょう。単語・文法・読解のポイントをチェックしながら解き進めてください。得手不得手の箇所が生じないよう、「真の得点力」を身につけるべく、じっくりと取り組んでいくのです。各章の最後にコラムを掲載しました。古文の魅力を感じながら解き進めてほしいと思います。

著者　富井健二

◆補足説明

＊1…内容やジャンルにおいて得手不得手が生じないように、**様々な形式の問題**を偏りなく取り上げました。

＊2…本文解説の細かい**補足説明**は脚注に収録。【全文解釈】では問題文の**一語一語をすべて品詞分解**し、活用形・意味・用法などを明示。この上ないほどきめの細かい解説を実現しました。

＊3…重要な**古文単語・古典文法**の知識が読解の中で効率的に身につくよう、【全文解釈】の脚注に掲載しました。

❷本書の特長――「主要28大学×10年分の入試分析結果」をもとにした問題集――

この「古文レベル別問題集」制作にあたって、我々は東京大学の古文サークルにご協力いただき、かつてないほど大規模な大学入試問題分析を敢行。主要28大学[*1]計277学部の入試問題を各10年分、合計「約1000題[*2]」を対象として、次の3点について分析・集計を行ないました。

【大学入試の分析ポイント】

① 出題された問題文の出典（作品名）・ジャンルは何かを集計[*3]（結果は左図参照）。

② 問題文中の傍線部や空所に入る語句をすべて品詞分解し、そこに含まれる文法・単語を集計[*4]。

③ 傍線部・空所以外にも、解答に直接関わる文法・単語等を集計。

入試で問われる（＝覚えておけば得点に直結する）知識は何なのか。個人の経験や主観ではなく、極めて客観的・統計的な大規模調査を行ない、その結果を本書に落とし込みました。

受験生が古文に割くことのできる限られた時間を、実際はほとんど出題されない知識の修得に費やす。従来のそういった古文学習の悪癖を払拭し、本当に必要な知識だけを最短距離で身につけるための問題集であるという点が、本書最大の特長です。

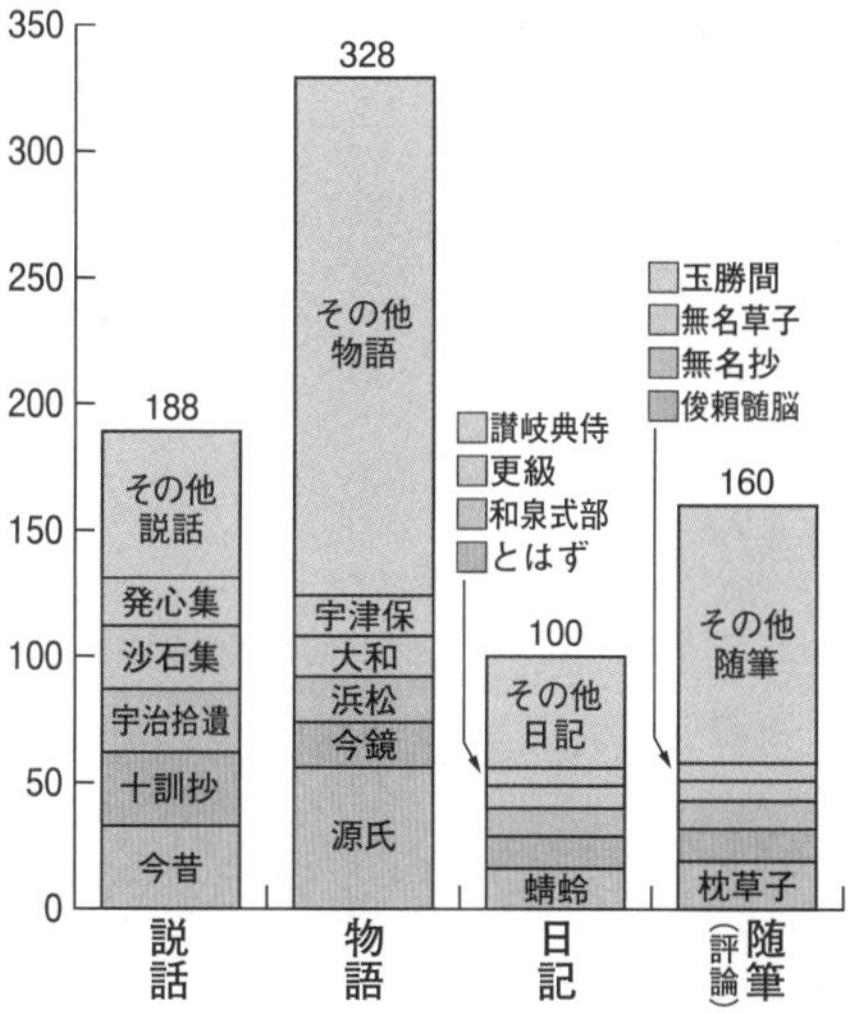

▲ジャンル別作品出題回数（TOP 5はグラフ表示）

◆補足説明

＊1…本書5頁の表における「偏差値60以上」の旧七帝大・上位国公立大・難関私大・有名私大。共通テスト（センター試験）は約30年分を分析。

＊2…古文の出題がない学部や、同大学における複数学部共通問題の重複分を除いた正味の問題数。問題文として出題されている一つの出典を「1題」として集計。

＊3…説話・物語・日記・随筆（評論）の主要作品について出題回数を集計。この4ジャンルの主要作品に含まれないものはすべて「その他の作品」として計上（上図では非表示）。

＊4…文法は、助動詞28語・助詞56語それぞれについて、用いられている意味や用法ごとに出題数を集計。語の識別や敬語についても出現数を集計。単語は「語義別」にそれぞれ出現数を集計。

❸レベル④の特徴

【こんな人に最適】

❶共通テスト〔古文〕で「9割以上」得点したい人

❷中堅私大の試験で常に高得点を獲得したい人

❸有名私大・上位国公立大合格を目指す人

▼レベル④の位置付け

レベル①は**古典文法**を主とした基礎演習を、レベル②は**古文の読解法**[*1]を身につけるための基礎演習を、レベル③では**共通テスト対策**を念頭に本格的な入試問題演習を行ないました。このレベル④では、**共通テストや中堅私大レベル**で安定して高得点を獲得すること、および有名私大・上位国公立大対策の手始めとして、さらに実戦的な問題演習を行ないます。レベル④では文系特有の設問にも充分に対応しうる実力の錬成を目的とします。すべての問題を解き、ポイントをチェックすれば総合的な知識と読解力が身につく仕組みになっています。

▼レベル④で身につく力

文系有名私大や国公立大の入試問題には、共通テストのように充分な前書きや注のない問題も含まれます。文系の受験生なら知っていて当然というわけなのですね。よってより少ないヒントで正解を導くことができるような学習を心がけねばなりません。本書を一通りやり終えれば、必ずそのような設問に対処しうる実力が身につきます。加えて暗記するだけでは解くことのできないような読解力が試されるような設問にも充分に対処することができるようになります。

◆補足説明

＊1…**基本的（普遍的）な古文の読解法**をゼロから最短距離で身につけたい人は、レベル②がおすすめです。古代（主に平安時代）における男女交際の仕方、結婚の形態、住居の構造、官位社会、人々の信仰や風習などの「**古文常識**」も同時マスターできます。この「古文常識」が、共通テストで解答を導くために必要になってきます。

●**単語・文法も同時増強！**

本書の【**全文解釈**】では、文中に出てきた重要な単語や文法をその都度脚注でチェックできるため、読解力と同時に単語力・文法力も高めることができます（☞7頁）。

※重要文法は巻末にも掲載。これだけしっかり覚えておけば、とりあえず大丈夫です。

【志望校レベルと本書のレベル対応表】

※東進主催「共通テスト本番レベル模試」の受験者（志望校合格者）得点データをもとに算出した、主に文系学部（前期）の平均偏差値（目安）です。

難易度	偏差値	志望校レベル 国公立大（例）	志望校レベル 私立大（例）	本書のレベル（目安）
難	〜67	東京大，京都大	国際基督教大，慶應義塾大，早稲田大	
↑	66〜63	一橋大，東京外国語大，国際教養大，筑波大，名古屋大，大阪大，北海道大，東北大，神戸大，東京都立大，大阪公立大	上智大，青山学院大，明治大，立教大，中央大，同志社大	⑥最上級編
	62〜60	お茶の水女子大，横浜国立大，九州大，名古屋市立大，千葉大，京都府立大，奈良女子大，金沢大，信州大，広島大，都留文科大，横浜市立大，防衛大	東京理科大，法政大，学習院大，武蔵大，中京大，立命館大，関西大，成蹊大	⑤上級編
	59〜57	茨城大，埼玉大，岡山大，熊本大，新潟大，富山大，静岡大，滋賀大，高崎経済大，長野大，山形大，岐阜大，三重大，和歌山大，島根大，香川大，佐賀大，岩手大，群馬大	津田塾大，関西学院大，獨協大，國學院大，成城大，南山大，武蔵野大，京都女子大，駒澤大，専修大，東洋大，日本女子大	④中級編
	56〜55	**共通テスト**，広島市立大，宇都宮大，山口大，徳島大，愛媛大，高知大，長崎大，福井大，新潟県立大，大分大，鹿児島大，福島大，宮城大，岡山県立大	玉川大，東海大，文教大，立正大，西南学院大，近畿大，東京女子大，日本大，龍谷大，甲南大	③標準編
	54〜51	弘前大，秋田大，琉球大，長崎県立大，名桜大，青森公立大，石川県立大，秋田県立大，富山県立大	亜細亜大，大妻女子大，大正大，国士舘大，東京経済大，名城大，武庫川女子大，福岡大，杏林大，白鴎大，京都産業大，創価大，帝京大，神戸学院大，城西大	②初級編
↓	50〜	北見工業大，室蘭工業大，職業能力開発総合大，釧路公立大，公立はこだて未来大，水産大	大東文化大，追手門学院大，関東学院大，桃山学院大，九州産業大，拓殖大，摂南大，沖縄国際大，札幌大，共立女子短大，大妻女子短大	①文法編
易	-	一般公立高校（中学レベル）	一般私立高校（中学〜高校入門レベル）	

●志望校別の使用例

▼古文が苦手な人…必ずレベル①で文法を固め、②で読解法の基礎・基本を固めましょう。その後は、各自の目標とする志望校レベルに応じて、レベルアップしていきましょう。

▼「古文は共通テストだけ」の人…文法知識があやふやであれば、レベル①〜③を学習し、後は過去問や実戦問題に取り組みましょう。文法はほぼ完璧という人は、②・③だけでも結構です。

▼第一志望が「明青立法中／関関同立」などの有名私大の人…古文を基礎から始めて高得点を取りたい人は、①〜⑤までやり切りましょう。基礎が固まっている人は、③〜⑤を学習しましょう。

▼第一志望が「旧七帝大」などの国公立大の人…共通テストから二次試験の記述・論述まで対策するため、レベル③〜⑥をやりましょう。時間がない人は、③と⑥だけやり、後は過去問を徹底しましょう。

❹本書の使い方

本書の使い方は極めてシンプル。左図の番号（❶〜❻）どおりに、問題を解いて、解説を読んでいくだけです。問題文は第1回から第12回まで、全12問あります。一流ナレーターによる問題文の「**朗読音声**（↙🔊）」も付いていますので、**音声を聴きながら【全文解釈】を見る**だけでも、古文の内容がその情趣と共に理解できるでしょう。古文の**音読**も読解力の向上に有効です。

❶ 問題文
主に中堅私大や有名私大で出題された過去問の中から、「レベル④」の問題として最適な良問を厳選して収録しています（＊1）。

❷ 設問文
問題文の直後にある設問と選択肢は、「読解のヒント」の宝庫です。問題文を読み始める前に、必ずザッと目を通しましょう。

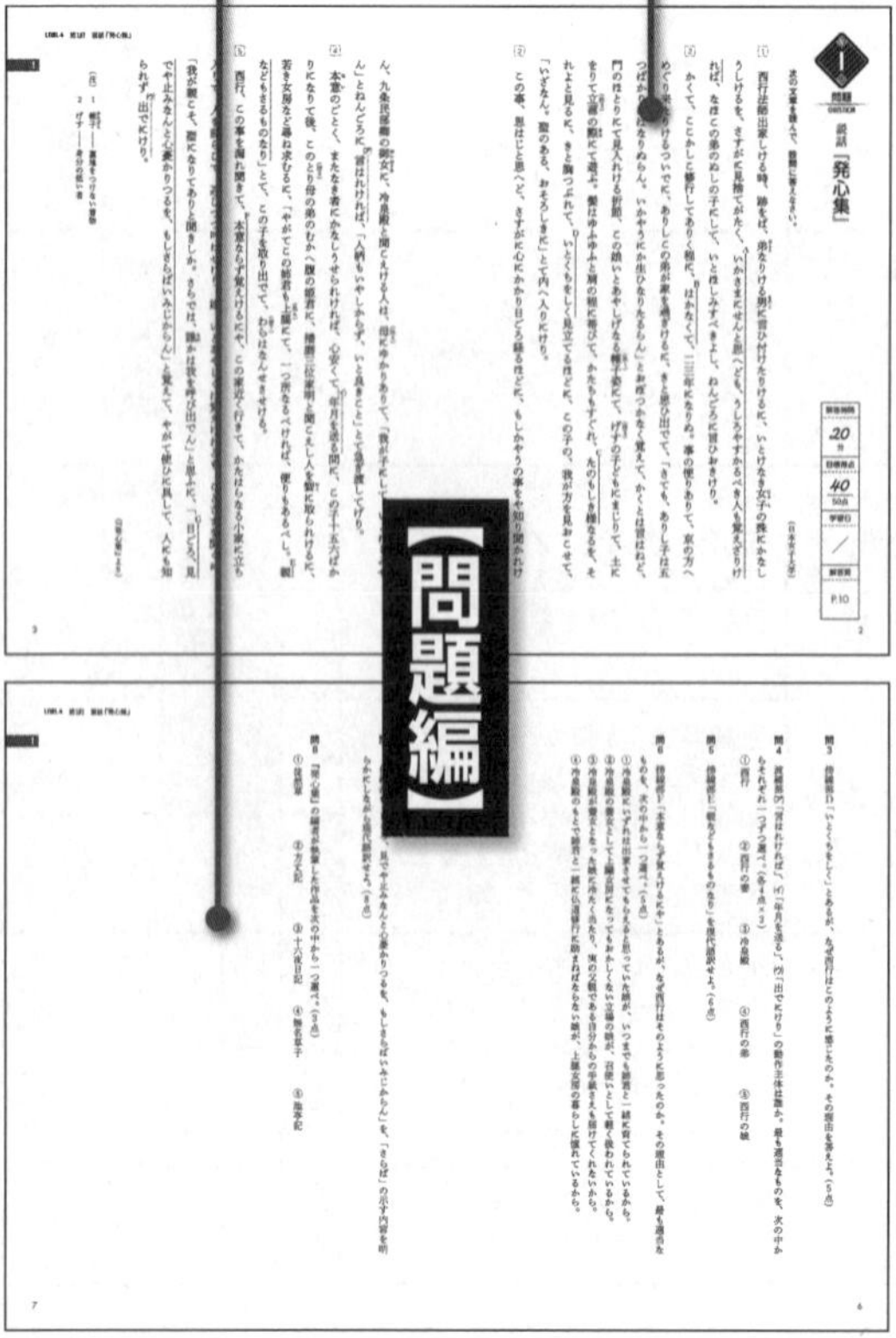

●入試問題は「初見」の文

3頁にあるグラフが示すとおり、古文も英語や現代文と同様、基本的に「**読んだことのない文章**」が出題されます。特に、数十万人の受験生が受ける共通テストでは、公平を期すためにその傾向が顕著になります。この『古文レベル別問題集』で段階的に多数の問題を解き、初めて見る古文に対する読解力を向上させましょう。

◆補足説明

＊1…問題文は基本的に過去の大学入試問題を用いていますが、都合により一部改変している場合があります。

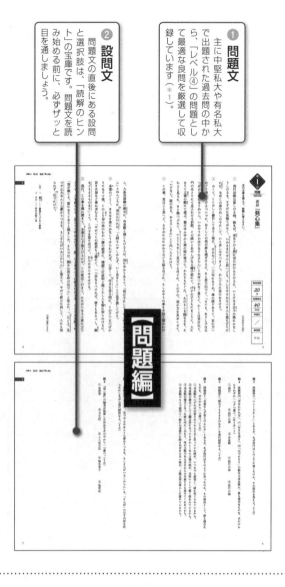

③ 読解のポイント

問題文を読解する際のポイントを明記。最後には〈あらすじ〉も掲載しました。

④ 登場人物

問題文に登場した人物を整理。人物の言動や、敬語の有無（＝主語補足のヒント）についてもまとめています。

⑤ 全文解釈

問題文をスペースで区切りながら単語分けし、読解において重要な語を色で区別（次頁参照）。各語の品詞・活用の種類・活用形・意味・用法などを詳細に明示し、現代語訳は問題文の左側に併記（＊2）しました。

また、登場人物は青枠で囲み、省略された主語・目的語は青文字で明記。「すべて」の情報を同時に見やすく掲載できるよう工夫しました。

朗読音声

ＱＲコードをスマホのカメラで読み取ると、一流ナレーター（加賀美幸子さん〔＊4〕）による問題文の朗読音声が再生されます。

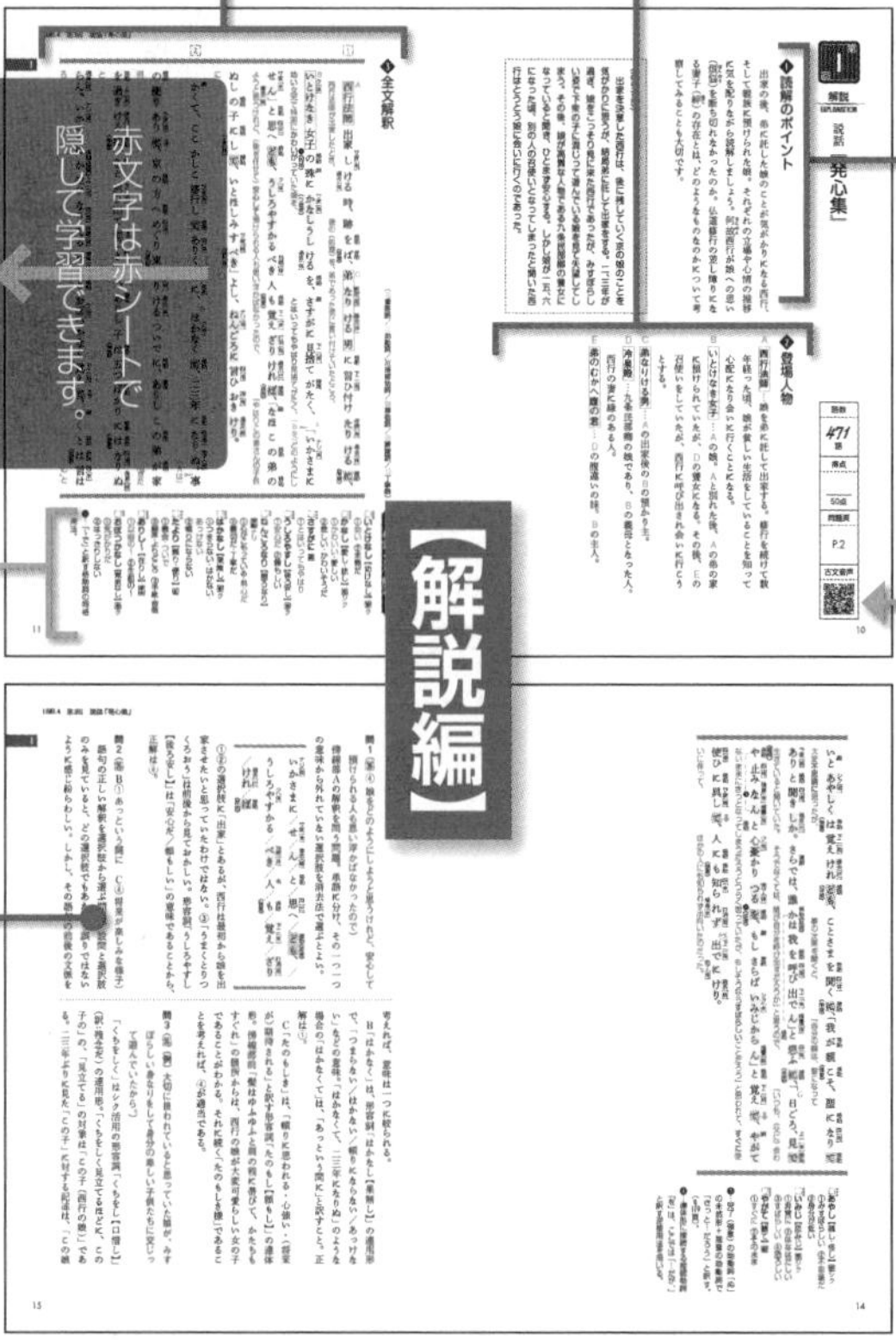

【解説編】
赤文字は赤シートで隠して学習できます。

脚注

問題文に出てきた重要語（＊3）を掲載。重要文法や主語の補足理由などについても、黒丸数字（❶〜❾）で解説しています。

⑥ 解答・解説

問題文のどこに解答の根拠があり、どのように考えて解答を導けばよいのかを論理的に解説。最後には「作品紹介」を掲載し、作品常識も身につくようにしました。

＊2…現代語訳は、赤文字で記し、対応する古文とできる限り位置をそろえています。赤シートで隠して、古文の現代語訳を頭の中で考えながら読んでいくという学習方法も有効です。

＊3…単語は星の数が多いほど頻出度が高いという意味です。

★★★＝最頻出
★★＝頻出
★＝標準
★無し＝非頻出

※頻出度は高くないものの、問題文の理解や解答に必要な語であれば、重要語（非頻出）として脚注に掲載しました。また、**同じ語義の重要語は2回目以降は省略**（別の語義であれば掲載）しています。

＊4 加賀美《かがみ》幸子《さちこ》…元ＮＨＫエグゼクティブアナウンサー（理事待遇）。ＮＰＯ日本朗読文化協会名誉会長。ＮＨＫラジオ〈古典講読〉〈漢詩をよむ〉などを担当。日本屈指の古典朗読の名人。

【全文解釈】で使用する記号・略号

●活用形
未然形→［未］
連用形→［用］
終止形→［終］
連体形→［体］
已然形→［已］
命令形→［命］

●動詞＊1
四段活用動詞→四
上一段活用動詞→上一
上二段活用動詞→上二
下一段活用動詞→下一
下二段活用動詞→下二
カ行変格活用動詞→カ変
サ行変格活用動詞→サ変
ナ行変格活用動詞→ナ変
ラ行変格活用動詞→ラ変

●形容詞
形容詞ク活用→ク
形容詞シク活用→シク

●形容動詞
形容動詞ナリ活用→ナリ
形容動詞タリ活用→タリ

●助動詞の意味＊2
打消推量→打推
打消意志→打意
不適当→不適
反実仮想→反実
ためらい→ため
実現不可能な希望→希望
過去推量→過推
過去の原因推量→過因
過去の婉曲→過婉
過去の伝聞→過伝
現在推量→現推
原因推量→原推
打消推量→打推
打消意志→打意
不可能→不可
打消当然→打当

●助詞
格助詞→格助
接続助詞→接助
係助詞→係助
副助詞→副助
終助詞→終助
間投助詞→間助

●助詞の用法＊3
使役の対象→《使対》
動作の共同者→《動共》
方法・手段→《方法》
単純な接続→《単接》
逆接の確定条件→《逆接》
逆接の仮定条件→《仮定》
順接の仮定条件→《仮定》
原因・理由→《原因》
反復・継続→《反復》
打消接続→《打接》
希望の最小→《希小》
他への願望→《他願》
自己の願望→《自願》
詠嘆願望→《詠願》

●その他の品詞
名詞・代名詞→無表記＊4
副詞→副
連体詞→連体
接続詞→接続＊5
感動詞→感動
連語→連語
接頭語→接頭
接尾語→接尾

●語の色分け＊6
■＝重要語（→訳は**太字**）
■＝助動詞
■＝接続助詞
■＝尊敬語
■＝謙譲語
■＝丁寧語
※その他は無色

●その他の記号
□＝登場人物（A〜E）
⬇＝**主語同一用法**があてはまる接続助詞
♻＝**主語転換用法**があてはまる接続助詞
▶＝重要な主語（や目的語）が省略されている箇所（補足する人物は左側に青文字で表示）
❶〜❾＝**重要文法**や**主語・目的語の補足方法**に関する解説
▥＝設問で**解釈**を問われている現代語訳部分

◆補足説明
＊1…基本的に、単語を表すときは「みる【見る】」のように平仮名と【漢字】を併記する。【 】は**漢字表記**の意。

＊2…助動詞の意味は2字表示。3字以上の意味は上記のように省略。なお、助動詞は「推量［未］」のように「意味と活用形」を併記している。

＊3…助詞の用法は2〜3字で《 》内に表示。4字以上の用法は上記のように省略。

＊4…名詞・代名詞の品詞名は無表記としている。

＊5…接続助詞は「接助」、接続詞は「接続」と表記しているので区別に注意。

＊6…基本的に読解において重要な語だけに色を付けている。■の重要語は、**同じ単語で同じ語義**の場合、2回目以降は原則省略してある。接続助詞は、**複数の用法があるもの**のみ左側に《 》で用法を表示。敬語は**補助動詞**の場合のみ左側に《補》と表示（本動詞の場合は表示無し）。

【解説編】目次

巻末付録―重要事項のまとめ―

説話『発心集』

❶ 読解のポイント

出家の後、弟に託した娘のことが気がかりになる西行、そして親族に預けられた娘。それぞれの立場や心情の推移に気を配りながら読解しましょう。何故《なにゆえ》西行が娘への思い(煩悩《ぼんのう》)を断ち切れなかったのか。仏道修行の差し障りになる妻子(絆《ほだし》)の存在とは、どのようなものなのかについて考察してみることも大切です。

〈あらすじ〉

出家を決意した西行は、後に残していく京の娘のことを気がかりに思うが、結局弟に託して出家をする。二、三年が過ぎ、娘をこっそり見に来た西行であったが、みすぼらしい姿で下衆の子に混じって遊んでいる娘を見て失望してしまう。その後、娘が高貴な人物である九条民部卿の養女になっていると聞き、ひとまず安心する。しかし娘が一五、六になった頃、別の人の召使いとなってしまったと聞いた西行はとうとう娘に会いに行くのであった。

❷ 登場人物

A 西行法師…娘を弟に託して出家する。修行を続けて数年経った頃、娘が貧しい生活をしていることを知って心配になり会いに行くことになる。

B いとけなき女子…Aの娘。Aと別れた後、Aの弟の家に預けられていたが、Dの養女になる。その後、Eの召使いをしていたが、西行に呼び出され会いに行こうとする。

C 弟なりける男…Aの出家後のBの預かり主。

D 冷泉殿…九条民部卿の娘であり、Bの養母となった人。西行の妻に縁のある人。

E 弟のむかへ腹の君…Dの腹違いの妹。Bの主人。

語数
471語
得点
50点
問題頁
P.2
古文音声

③ 全文解釈

（重要語／助動詞／接続助詞／尊敬語／謙譲語／丁寧語）

1

西行法師 出家 し ける 時、跡 を ば、弟 なり ける 男 に 言ひ付け たり ける に、

西行法師が出家したとき、後（の処理）を、弟であった男に言い付けていたが、

いとけなき 女子 ❶の 殊に かなしうし ける を、さすがに 見捨て がたく、「いかさまに

幼い女児で特別に**かわいがって**いた娘を、**とはいってもやはり**見捨てがたく、（Bを）どのように

せん」と 思へ ども、うしろやすかる べき 人 も 覚え ざり けれ ば、「なほ こ の 弟 の

しようと思うけれど、（後を任せて）**安心して**預けられる人も思い浮かばなかったので、「やはりこの弟さんの

ぬし の 子 に し て、いとほしみ す べき」よし、ねんごろに 言ひ おき けり。

子供にして、大切にするべきだ」ということを、**熱心に**言い残し（出家し）たのであった。

2

かくて、ここ かしこ 修行して ありく 程 に、はかなく て、二三年 に なり ぬ。事

こうして、あちらこちらに修行しまわっているときに、**あっけなく**、二、三年になった。（Aは）何

の 便り あり て、京 の 方 へ めぐり 来 たり ける ついで に、ありし こ の 弟 が 家

か**の**ついでがあって、京の方にめぐって来た機会に、**以前の**この弟の家

を 過ぎ ける に、きと 思ひ出で て、「さても、ありし 子 は 五つ ばかり に は なり ぬ

を通り過ぎたところ、ふと思い出して、「それにしても、以前の子は今頃五歳ほどにはなっている

らん。いかやうに か 生ひ なり たる らん」と おぼつかなく 覚え て、かく と は 言は

だろう。どんなふうに成長しているだろうか」と**気がかりに**思われて、こう（＝私が父だ）とは言わ

単語・文法・解説

□**いとけなし**【幼けなし】形ク
①幼い ②未熟だ

□かなしうす【愛しうす】動サ変
①かわいがる

□**さすがに** 副
①とはいってもやはり

□**うしろやすし**【後ろ安し】形ク
①安心だ ②頼もしい

□**ねんごろなり**【懇ろなり】形動ナリ
①心がこもっている・熱心だ ②親切だ・丁寧だ

□**はかなし**【果無し】形ク
①つまらない・はかない・あっけない ②頼りにならない

□**たより**【頼り・便り】名
①機会・ついで ②縁故・よりどころ ③手紙・音信

□**ありし～**【在りし】連体
①以前の～ ②生前の～

□**おぼつかなし**【覚束なし】形ク
①気がかりだ ②はっきりしない

❶…「～で」と訳す格助詞の同格用法。

3

ねど、門のほとりにて見入れける折節、この娘いとあやしげなる帷子姿にて、げすの子どもにまじりて、土にをりて立蔀の際にて遊ぶ。髪はゆふゆふと肩の程に帯びて、かたちもすぐれ、たのもしき様なるを、「それよ」と見るに、きと胸つぶれて、いとくちをしく見立てるほどに、この子の、我が方を見おこせて、

ないが、門の周辺で（外から中を）のぞき込んだちょうどそのとき、この娘はとても**みすぼらしい**麻の一重の着物姿であって、身分の低い者の子供たちに混じって、地面に降り立って、立部の近くで遊んでいる。髪の毛はふさふさと肩のあたりまでかかって、**容貌**もすばらしく、（将来が）**楽しみに思われる**様子であったが、「あれ（が自分の娘）だ」と見ると、急に胸がいっぱいになって、大変**残念に**思って見て（そこに）立っていると、この子供が、自分の方を見て、

「いざなん。聖のある、おそろしきに」とて内へ入りにけり。

「さあ、（あちらに行こう）。聖のいるのが、恐ろしいので」と言って中に入ってしまった。

「この事、思はじ」と思へど、さすがに心にかかり日ごろ経るほどに、（もしかやうの事をや知り聞かれけん）、九条民部卿の御女に、冷泉殿と聞こえける人は、母にゆかりありて、「我が子にして、いとほしみせん」とねんごろに

（西行は）この出来事を、気にすまいと思ったが、やはり気にかかって数日が経つうちに、もしかしたらこのようないきさつを知ったり聞いたりしたのであろうか、九条民部卿の御娘で、冷泉殿と申し上げた人は、（娘の）母に**縁故**のある人で、「（養女として引き取って）自分の子供にして、大切にしよう」と熱心に

□★★★**あやし**【賤し・怪し】形シク
①みすぼらしい ②不思議だ
③身分が低い

□★★★**かたち**【容貌】名
①容貌 ②様子・状態

□たのもし【頼もし】形シク
①頼りに思われる
②気強い
③楽しみに思われる

□★★★**くちをし**《オ》【口惜し】形シク
①残念だ ②つまらない

□★★**ゆかり**【縁】名
①縁故

4

(ア)言はれければ、「人柄もいやしからず、いと良きこと」とて急ぎ渡してげり。

おっしゃったので、「人柄も**下品で**なく、非常に好都合なことだ」と言って急いで（冷泉殿に娘を）引き渡したのであった。

本意のごとく、またなき者にかなしうせられければ、心安くて(イ)年月を送る

願い通りに、（冷泉殿は娘を）かけがえのない者としてかわいがられたので、**安心し**て月日を送る

間に、この子十五六ばかりになりて後、このとり母の弟のむかへ腹の姫君E

うちに、この娘が十五、六歳くらいになった後、この養母である（冷泉殿の）妹で九条民部卿の正妻を母とする姫君

に、播磨三位家明と聞こえし人を聟に取られけるに、若き女房など尋ね

に、播磨の三位家明と申し上げたお方を婿としてお取りになったときに、（姫君にお仕えする）若い女房などを尋ね

求むるに、「やがてこの姉君も上臈にて、一つ所なるべければ、便りもある

求めていて、「**そのまま**この姉君も上臈女房として、同じお方にお仕えすることになるので、都合も良いで

べし。E親などもさるものなり❷」とて、この子を取り出でて、わらはなんせ

あろう。（実の）親なども（西行で）しかるべき人物である」ということで、この子を選び出して、召使いを

させける。

させたのであった。

5

A西行、（この事を漏れ聞きて、F本意ならず覚えけるにや、）この家近く行き

西行は、そのことを漏れ聞いて、不**本意**に思ったのだろうか、この家の近くに行っ

て、かたはらなる小家に立ち入りて、人を語らひて、忍びつつ呼ばせけり。娘、B

て、そばの小さな家に立ち入って、人に頼んで、こっそりと（娘を）呼ばせた。娘は、

□★★★ **いやし**【賤し・卑し】形シク
①身分［地位］が低い ②下品だ

□★★★ **ほい**【本意】名
①もともとからの（出家の）意志

□★★ **こころやすし**【心安し】形ク
①安心だ・気楽だ ②親しい

□★★★ **やがて**【軈て】副
①すぐに ②そのまま

❷…体言（連体形）に接続している「なり」は断定の意味。（→119頁）。

いとあやしくは覚えけれども、ことさまを聞くに、「我が親こそ、聖になりて

大変**不思議に**思ったが、事の次第を聞くと、「自分の親は、聖になって

ありと聞きしか。さらでは、誰かは我を呼び出でん」と思ふに、「日ごろ、見

生きていると聞いていた。そうでなくては、誰が自分を呼び出すだろうか」と思うので、いつも、（父に）会わ

でや❸止みなんと心憂かりつる❹を、もしさらばいみじからん」と覚えて、やがて

ないままにきっとなってしまうだろうとつらく思っていたが、もしそうなら**すばらしい**ことだろう」と思われて、**すぐに**

使ひに具して、人にも知られず出でにけり。

使いに伴って、他の人にも知られず出向いたのだった。

□**あやし**【賤し・怪し】形シク ①みすぼらしい ②不思議だ ③身分が低い

□**いみじ**【忌みじ】形シク ①非常に ②はなはだしい ③すばらしい ④恐ろしい

□**やがて**【軈て】副 ①すぐに ②そのまま

❸…完了（強意）の助動詞「ぬ」の未然形＋推量の助動詞で「きっと…だろう」と訳す。（→119頁）。

❹…連体形に接続する接続助詞「を」は、ここでは「…だが、」と訳す逆接用法を用いる。

❹ 解答・解説

問1（答 ④ **娘をどのようにしようと思うけれど、安心して預けられる人も思い浮かばなかったので**）

傍線部Aの解釈を問う問題。単語に分け、その一つ一つの意味から外れていない選択肢を消去法で選ぶとよい。

いかさまに（ナリ〔用〕）／せ（サ変〔未〕）／ん（意志〔終〕）／と（格助）／思へ（四〔已〕）／**ども**（接助《逆接》）、／うしろやすかる（ク〔体〕）／べき（当然〔体〕）／人（名）／も（係助《強意》）／覚え（下二〔未〕）／ざり（打消〔用〕）／けれ（過去〔已〕）／**ば**（接助《原因》）

①②の選択肢に「出家」とあるが、西行は最初から娘を出家させたいと思っていたわけではない。③「うまくとりつくろおう」は前後から見ておかしい。形容詞「うしろやすし【後ろ安し】」は「安心だ／頼もしい」の意味であることからも、正解を④と考える。

問2（答 B ① **あっという間に**　C ④ **将来が楽しみな様子**）

語句の正しい解釈を選択肢から選ぶ問題。設問と選択肢のみを見ていると、どの選択肢でもあながち誤りではないように感じ紛らわしい。しかし、その語句の前後の文脈を考えれば、意味は一つに絞られる。

B「はかなく」は、形容詞「はかなし【果無し】」の連用形で、「つまらない／はかない／頼りにならない／あっけない」などの意味。「はかなくて、二三年になりぬ」のような場合の「はかなくて」は、「あっという間に・これといって何もなく」などと訳すこと。正解は①。

C「たのもしき」は、「頼りに思われる・心強い・（将来が）期待される」と訳す形容詞「たのもし【頼もし】」の連体形。傍線部前「髪はゆふゆふと肩の程に帯びて、かたちもすぐれ」の箇所からは、西行の娘が前途有望な大変可愛らしい女の子であることがわかる。それに続く「たのもしき様」であることを考えれば、④が適当である。

問3（答 （例）**大切に扱われていると思っていた娘が、みすぼらしい身なりをして身分の卑しい子供たちに交じって遊んでいたから。**）

「くちをしく」はシク活用の形容詞「くちをし【口惜し】」（訳：残念だ）の連用形。「くちをしく見立てるほどに、この子の」の、「見立てる」の対象は「この子（西行の娘）」である。二、三年ぶりに見た娘は、「この娘……たのもしき様なる」のように記載されている。後半の「髪はゆふゆふと……たのもしき様なる」では娘の成長を確認し、前半の「いとあやしげなる帷子姿……立蔀の際にて遊ぶ」の部分で残念に思っていることがわかる。

だが、もし西行が「娘は元気でいてくれればそれでいい」と思っていたとしたら、粗末な着物を着ていても気にならないはず。３行目で、西行は弟に対して、「この弟のぬしの子にして、いとほしみすべきよし」と熱心に言い残している。西行は、娘が邸の主人の姫君として過ごしていると想像していたがゆえに、「いとあやしげなる帷子姿……立蔀の際にて遊ぶ」姿は期待との落差があり「くちをしく」感じられたのである。よって、**「大切に扱われていると思っていた娘が、みすぼらしい身なりをして身分の卑しい子供たちに交じって遊んでいたから。」**のような意味を含めていれば正解である。理由説明の問題であるから、文末を「…から・…ので」のようにして答えることにも注意。

問4（答）**(ア)③ 冷泉殿　(イ)① 西行　(ウ)⑤ 西行の娘**）

波線部の主体を問う問題。敬語の有無、主語同一・転換用法、そして文脈に合致するかに注意して答えを絞る。

(ア)の前文に、「九条民部卿の御娘に、冷泉殿と聞こえける人」と人名が書かれており、「母にゆかりありて」の接続助詞「て」は**主語同一用法の助詞**であるため、「我が子にして～」の発言の主体も変わっていないと考えられる。

また、(ア)「言は／れ／けれ／ば」の助動詞「れ」は「受身・尊敬・自発・可能」の助動詞「る」の連用形であるが、冷泉殿という高貴な人物の動作であれば、尊敬の意味にとることができる。よって、正解は③となる。

(イ)「年月を送る」には**敬語がない**ので、高貴な人物が主語ではないとわかる。また、直前の「心安くて」の「て」は主語同一用法の助詞であるため、「年月を送る」の主語は「心安し」と思った人物と同じである。よって、娘が冷泉殿に「またなき者にかなしうせられければ」と言うことによって、「心安し」と思う人物は誰か考えるとよい。それは西行自身か、西行の妻ということになろう。しかし、西行の妻は冷泉殿とゆかりがあるという記述があるだけで、文中には全く登場していない。よって、正解は①の西行である。㋒「出でにけり」にも**敬語がない**ので、主体は高貴な人物ではない。また、前文を見ると『我が親こそ……呼び出でん』と思ふに」とあり、この「に」は順接の確定条件（原因・理由）を表す接続助詞である。そう思った結果の発言が、次の「『日ごろ……いみじからん』と覚えて、やがて使ひに具して」の箇所であり、主語同一用法の接続助詞「て」が二度使われて、㋒「出でにけり」につながっている。「我が親こそ……呼び出でん」の会話文の中にある「我が親」とは西行のことであるので、発言主は西行の娘と考えること。正解は⑤となる。

問5（答 **実の親などもしかるべき人物である**）

傍線部Eは次のように単語分けされる。

名　　副助　係助　連体　名　　断定[終]
親／など／も／さる／もの／なり

現代語訳の問題では、省略されている言葉を補って解釈をさせられることが多い。単語で区切って逐語訳をするのはもちろんだが、「具体的な訳」をするように意識すること。そこで問題となるのは「親」の箇所である。西行の娘は親と一緒に暮らしているわけではなく、冷泉殿という高貴な養い親のもとにいるので、「実の」という言葉を付け加えておくとよい。

「さる【然る】」（訳：しかるべき）は連体詞である。助動詞「なり」は連体形・体言接続の「断定」、もしくは終止形接続（ラ変動詞には連体形接続）の「伝聞推定」のどちらかの意味である。ここでは体言に接続しているので、「断定」の意味でとる。よって、「実の親などもしかるべき人物である」などと訳すとよい。

問6（答 **② 冷泉殿の養女として上臈女房になってもおかしくない立場の娘が、召使いとして軽く扱われているから。**）

④段落の冒頭に、「本意のごとく、またなき者にかなしうせられければ」とある。西行の「本意」とは、養い親に「娘をかけがえのない者として可愛がってもらうこと」であったと考えられる。

よって、①のように出家させようと思っていたわけでもなく、④の「仏道修行に励まねば」も異なる。③は本文にそ

のような記述はないため、消去法から正解は②。冷泉殿の大切な養女であるはずの娘が、召使いとして軽く扱われているというのは、西行にとって全く受け入れがたい話であったと考えられる。

問7 (答) (例) いつも、父に会わないままにきっとなってしまうだろうとつらく思っていたが、もし父に会うことができたならば、すばらしいことだろう。)

傍線部Gは次のように単語分けされる。

日ごろ、	名
見	上二[未]
で	接助《打消》
や	係助《疑問》
止み	四[用]
な	強意[未]
ん	推量[体]
と	格助
心憂かり	ク[用]
つる	完了[体]
を、	接助《逆接》
もし	副
さらば	接続
いみじから	シク[未]
ん	推量[終]

日ごろ、／見／で／や／止み／な／ん／と／
心憂かり／つる／を、／もし／さらば／
いみじから／ん／

問5でもふれたが、現代語訳の問題では省略されている言葉を補う必要がある。この問題では、「さらば」の示す内容を明らかにしながら、という注意書きがあるので、この補足と「見でや止みなん」の目的語についても補うこと。

「見でや止みなん」の会えない人物として書かれているのは、文脈から父の西行であるとわかるので、「父に」と目的語を補っておくとよい。

「さらば」の前の「心憂かりつるを」の「を」は逆接の接続助詞なので、「会わないままになってしまう」と思っていたことがそうではなくなったという内容になる。よって、「さらば」の指す内容は、「父に再会すること」であると考えられるのである。

「いみじ」はプラスイメージ・マイナスイメージ両方の意味で使われる言葉であるが、娘が父にはもう会えないのではないかとつらく思っていたにもかかわらず、急に会えることになったのであるから、「すばらしい」のように肯定的に訳す。

問8 (答) ② 方丈記

鎌倉時代前期の歌人である鴨長明は、随筆『方丈記』、仏教説話『発心集』、歌論『無名抄』などの著作で知られる。正解は②。その他の作品は巻末付録を参照（☞126頁）。

作品紹介

『発心集《ほっしんしゅう》』（鴨長明《かものちょうめい》／鎌倉時代初期）

『発心集』は鴨長明の晩年の作品。「発心」とは仏教に帰依しようとする気持ちを起こすという意味です。他の仏教説話集が中国やインドの人物の逸話を伝えることが多いのに比べて、この作品は日本が舞台となっています。純粋な宗教家の逸話や現世への未練や執着などを持ってしまったために往生に失敗した僧、和歌や音楽などの趣味に没頭することで俗世への執着を滅却した人物などの話を中心に主に著者自らが見聞きした以下の①～⑤のような約百話の仏教話が収録されています。

① 発心話…悟りを求め仏道を行おうと決意した人物のお話。
② 遁世話…俗世を逃れ仏道に入ろうとした人物のお話。
③ 極楽往生話…修行に専念し悟りを極め極楽往生し得た人物のお話。
④ 仏教霊験話…仏教修行する人間の身におきた効験についてのお話。
⑤ 高僧話…非常に知徳のすぐれた僧侶のお話。

人間の心の葛藤を中心に描いているところに従来にはない新鮮な魅力があります。今回の作品においても娘に対する西行の心の動きが中心に描かれていますよね。各話には筆者の詳細な感想が添えられており、心のやすらぎを求め続けた筆者の人物像を垣間見ることができます。

第2回

解説
EXPLANATION

物語『大鏡』

❶ 読解のポイント

本文は通称「鶯宿梅《おうしゅくばい》」と呼ばれる、有名なお話です。『大鏡』を読解する上で注意する点は二つあります。一つは、語り手（大宅世継・夏山繁樹）の存在を意識しながら主要人物を見極めること。もう一つは、しっかりと文脈を追っていくことです。なにがしぬしおよび村上天皇に使用されている敬語の違いにも注意してください。

〈あらすじ〉

清涼殿の前の梅の木が枯れ、代わりの木を村上天皇がお求めになる。夏山繁樹《なつやまのしげき》が京中を探し、見事な梅の木を見つけ、勅命として掘りとろうとすると、主が手紙を梅の木に結び付けて持っていけという。その手紙には「梅の木は差し上げますが、鶯《うぐいす》はどう思うやら」とあった。この歌をご覧になった帝は「恨みを残すようなことをした」と恥ずかしがっていらっしゃったという。「生涯の中での一番の失敗はこれでしょうか。褒美をもらったのがかえってつらい出来事になってしまった」と言ったのだった。

語数	205語
得点	／50点
問題頁	P.8
古文音声	

❷ 登場人物

私 **繁樹**…語り手。なにがしぬしから清涼殿に植えるのにふさわしい梅の木を探すよう託され、京の西に見つけ、家あるじの手紙を結びつけて、持ってくる。

A **村上天皇**…清涼殿の梅の木が枯れたので、その代わりの木を探すようなにがしぬしに命じた。代わりとして持ってこられた梅の木に結び付けられていた手紙を見て、梅の木を取り上げたことを後悔する。

B **なにがしぬし**…帝から代わりの梅の木を探すよう依頼され、老齢で経験豊富な夏山繁樹（語り手）に託す。

C **家あるじ**…紀貫之の娘である紀内侍《きのないし》。梅の木を持って行こうとする夏山繁樹に手紙を託す。

1

❸全文解釈

（■重要語／■助動詞／■接続助詞／■尊敬語／■謙譲語／■丁寧語）

いとをかしうあはれにはべりしことは、この(1)天暦の御時に、清涼殿の御前の梅の木の枯れたりしかば、求め❶させたまひしに、Ｂなにがしぬし(a)の蔵人にて❷いますがりし時、承りて、「若き者ども(2)は❸え見知らじ。きむぢ求めよ」と(i)のたまひしかば、一京まかり歩きしかども、侍らざりしに、西京のそこそこなる家に、色濃く咲きたる木(b)の様体うつくしきが侍りしを、(ii)掘り取りしかば、Ｃ家あるじの、「木にこれ結ひつけて持て参れ」と言はせ給ひしかば、(3)あるやうこそはとて、持て参りてさぶらひしを、「なにぞ」とて御覧じければ、女の手にて書きて侍りける、

（私が）たいそう趣がありしみじみと感じ入りましたこととしては、この天暦の御代に、清涼殿の前の梅の木が枯れてしまったので、（かわりの木を）（Ａが）お求めになったが、なにがしさんが蔵人を務めていらっしゃっていたときに、（その命を）承って、「若い者どもは（良い木の）見分けをつけることができないだろう。おまえが探せ」とおっしゃったので、（私が）京都中を探し回ったけれども、（良い梅の木は）なかったのですが、京の西のどこどこ❹という家に、色鮮やかに咲いている梅の木で枝ぶり❺のきれいなものがありましたのを、（私が）掘って手に入れたところ、家の主人が、「木にこれ（手紙）を結びつけて持って参れ」と言いなさったので、（私は）何かわけでもあるのだろうということで、持って参りましたところ、（Ａは）「なんだ」と言ってご覧になったところ、女の筆跡で書いてありました（その歌は）、

単語・文法・解説

□をかし【招かし】形シク
①趣がある　②かわいい　③妙だ

□あはれなり《わ》 形動ナリ
①しみじみと…だ　②気の毒だ　③趣深い

□うつくし【愛し・美し】形シク
①かわいい　②きれいだ

❶…「せたまふ・させたまふ・しめたまふ」の「せ・させ・しめ」は、使役の対象がない場合尊敬の意味となる。

❷…尊敬語であるラ変動詞のいますがり【在すがり】は、「…ていらっしゃる」と訳す。

❸…呼応の副詞「え…じ」は、打消の意味を表す「…することができないだろう」などに訳す。

❹…体言に続く「なり」の場合は原則断定の助動詞となるが、その体言が場所や地名であった場合、「…にある」のような存在の意味となる（→119頁）。

❺…「〜で」と訳す格助詞の同格用法。

勅なれば《原因》 (4)いともかしこしうぐひす(C)の《主格》「宿は」と問はば《仮定》いかが答へむ

天皇の命令であるので、大変**恐れ多い**。(けれども)鶯が「(私の)宿は(どこですか)」と尋ねたらどう答えようか。

とありけるに《原因》、あやしく思し召して、「何者の家ぞ」と(iii)たづねさせ給ひ《補》ければ《単接》、

とあったので、(Aは)不思議にお思いになって、「何者の家なのか」とお尋ねになったところ、

C 貫之のぬしの御女の住む所なりけり。「遺恨のわざをもしたりけるかな」と

(その家は)貫之さんのご息女の住む所であった。(Aは)「恨みを残すようなことをしてしまったものだな」と言っ

て、あまえおはしましける。私 繁樹、今生の辱号は、これや侍りけむ。さるは、

て、恥ずかしがっていらっしゃった。繁樹、生涯の中の一番の恥とは、このことでありましょうか。それにしても、

「思ふやうなる木持て参りたり」とて、(5)衣かづけられたりしも、(6)からくなりにき。

(Aが)「**思いどおりな**梅の木を持って参ったな」ということで衣の**褒美をいただいた**のも、(かえって)**つらく**なってしまった。

□★★★**かしこし**【畏し・賢し】形ク
①恐れ多い ②すぐれている

□おもふやうなり【思ふやうなり】形動ナリ
①思いどおりだ・気ままだ

□★★**かづく**【被く】動カ下二
①褒美を与える ②かぶせる

□★からし【辛し】形ク
①つらい ②危うい ③むごい・いやだ

❹解答・解説

問1（答 ② ⓐとⓒが同じ用法）

波線部ⓐ～ⓒはどう訳すと自然かを考えて、格助詞「の」の用法を決定すると、答えが導き出せる。

ⓐ「なにがしぬしの蔵人にていますがりし」は「なにがしさんが蔵人を務めていらっしゃっていた」と訳すので、波線部「の」は「～が」と訳す主格用法。同様に、ⓒ「うぐいすの宿はと問はば」も「鶯が（私の）宿はと尋ねたら」と訳すので、波線部「の」は「～が」と訳す主格用法である。

ⓑ「色濃く咲きたる木の様体うつくしき」は「色鮮やかに咲いている梅の木で枝ぶりのきれいなもの」と訳すので、波線部「の」は「～で」と訳す同格用法である。「うつくしきが侍りし」は、「うつくし」の連体形の後に「木」が省略されていると考えるとよい。

よって、ⓐとⓒが同じ用法であることから正解は②。

問2（答 (i)③ なにがしぬし　(ii)① 夏山繁樹　(iii)⑤ 天暦の時代の天皇）

二重傍線部の主語を問う問題。敬語の有無、主語同一・転換用法、文脈を考慮して、選択肢から消去法で選ぶとよい。

二重傍線部(i)「のたまひしかば」の「のたまひ」は「のたまふ【宣ふ】」（訳：おっしゃる）の連用形であることから、高貴な人物が主語であることがわかる。また、二重傍線部直前の「若き者どもは……きむぢ求めよ」の会話文の前に、「承りて」とあるが、この「て」は主語同一用法の接続助詞である。

よって、「承りて」の人物と二重傍線部(i)の主語は同じということになる。梅の木を探す役目を承ったのは「なにがしぬし」であるから、答えは③。

二重傍線部(ii)「掘り取りしかば」には尊敬語が使用されていないことから、語り手自身か、身分の高くない人物が主語として想定される。敬語の有無からも①か④だと絞ることができるが、④は会話文の中に記述があるだけで、実際には登場していない。よって答えは①の夏山繁樹となる。

二重傍線部(iii)「たづねさせ給ひければ」の「させ給ひ」は尊敬の助動詞「さす」の連用形「させ」に「お…になる」と訳す尊敬の補助動詞「給ふ」が続いた二重尊敬。二重尊敬が使われるのは、帝をはじめとした大変に高貴な人物である。

また、家あるじの歌には「勅なれば（訳：天皇の命令であるので)」とあり、これは天皇に対して呼びかけた歌であるので、それに対して「あやしく思し召して」となったのは天皇である。主語同一用法の助詞「て」があることから「あやしく思し召して」の主語と、「たづねさせ給ひければ」の主語は同じだと考えること。よって、答えは⑤の天暦の時代の天皇である。

問3(答③ **村上天皇**)

天皇親政の理想的な時代の例として、次の二人の天皇の治世(9世紀末~10世紀半ば頃)は、その元号にちなんで「延喜・天暦の治」としてよく取り上げられるので覚えておくとよい。

・醍醐天皇(延喜帝)…延喜の治
・村上天皇(天暦帝)の御代…天暦の治

問4(答⑤ **清涼殿**)

天皇が自らのいらっしゃる御座所の梅の木を求めているという本文の内容から考察する。①「弘徽殿」②「登華殿」は内裏にある天皇の奥方の住居。③「仁寿殿」④「後涼殿」は内裏にある、儀式や宴会などを執り行なったり、大切なものを保管して置く場所。⑤「清涼殿」は内裏にある天皇のご座所であるので、正解は⑤。

問5(答④ **どんな木がよいか、見分けることはできないだろう。**)

「え/見知ら/じ」の「え」は**陳述の副詞**で、下に打消語と呼応し、「…できない」のように訳す。「じ」は打消推量の助動詞なので、「…できないだろう」と訳すとよい。「見知る」はラ行四段活用動詞で、「見て/それとわかる」などの意味である。この不可能の訳から考えると、正解は④。

問6(答④ **何かわけでもあるのだろう**)

「あるやう【有る様】」は「様子・理由」などと訳す名詞であるので、選択肢からそのような意味を持つ④と⑤に絞られる。そして、このようなときには前後の文脈を考慮すると共に、省略されている言葉がないか考えるとよい。この場合は、「こそは」の後に「あらめ(訳:あるだろう)」などの言葉を補足して考えるのが適当である。

したがって、「あるやうこそはあらめ」の訳は「理由があるのだろう」のように訳すことになる。なぜ木に文を結び付けるのか、その理由がわからずとりあえず帝に献上しようと考えた語り手の心情から考察すると、最も適当なのは④。

問7（答 ② まことに恐れ多いことです）

「かしこし」は「恐れ多い／すぐれている」などと訳す「かしこし【賢し・畏し】」の終止形。「勅命であるから、非常に恐れ多いので(この梅の木は差し上げます。)」のような意味であると考えると、最も適当な選択肢は②である。

問8（答 ① 貫之）

『土佐日記』の作者は『古今和歌集』の撰者としても有名な歌人の紀貫之である。正解は①。②の「兼好（法師）」は鎌倉末期の随筆『徒然草』の著者で、③の「(鴨) 長明」は鎌倉前期の随筆『方丈記』の著者である。そして④の「(在原) 業平」は平安初期の有名歌人であり『伊勢物語』の主人公とされる人物で、⑤「(本居) 宣長」は江戸時代の国学者であり、『古事記伝』の著者である。いずれも著名な文学者であるので、覚えておくとよい。

問9（答 ① 繁樹が天皇の思いどおりの木を持って来たということで、天皇から褒美の衣類をもらったということ。）

傍線部(5)の前の「『思ふやうなる木持って参りたり』とて」に注意する。それによって「衣かづけられたりし」という褒美につながるのであるから、その部分を訳したものが正解となる。「思ふやうなり」は「理想的だ」と訳す形容動詞であるから、この単語の訳から正解は①か②に絞ることができる。また、木を持ってきた主体は夏山繁樹であるため、正解は①である。

問10（答 ⑤ かえって）

傍線部(6)の前文に、「繁樹、今生の辱号は、これや侍りけむ」とあるので、家あるじが大切にしていた梅の木を御所に持って来てしまったことを繁樹自身が恥じていることがわかる。そうであるならば、帝のお褒めにあずかったことが「かえって」つらく感じてしまうということになるだろう。このように文脈から判断して、正解は⑤。

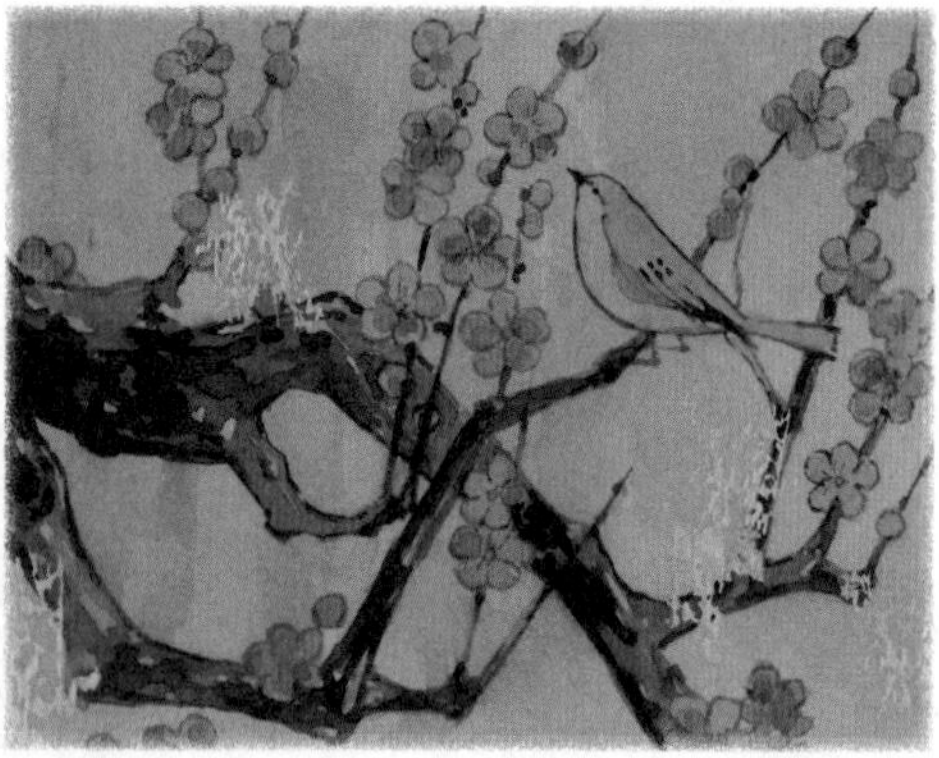

問11（答 ⑤『今鏡』と同じく、藤原道長の栄華を描いている。）

選択肢から誤りを含む文を探す問題であることに注意。

『大鏡』は平安後期の歴史物語。文徳天皇から後一条天皇までの時代（八五〇〜一〇二五年）までの歴史を中心に、仮名文の紀伝体で記す。大宅《おおやけの》世継《よつぎ》・夏山繁樹という二人の老人が対話し、若侍がそばで批評するという構想。ほかに藤原道長の栄華を描いた歴史物語としては、『栄花物語』がある。『今鏡』も歴史物語ではあるが、『大鏡』を引き継いで、その後の時代について書いているので、藤原道長については書かれていない。よって、⑤が誤り。

作品紹介

『大鏡』（作者未詳／平安時代）

〜延喜・天暦の治〜

『大鏡』は、平安中期から末期に成立した文徳天皇から一条天皇にいたる一七六年の歴史（八五〇〜一〇二五年）を、司馬遷の『史記』にならった紀伝体（個人の伝記を合わせて記述する形式）で叙述した歴史物語です。対して年代別に歴史を編集するやり方を編年体と呼びます。合わせて記憶しておきましょう。

内容は一四代にわたる天皇のプロフィール、藤原道長を中心にした摂関家藤原氏代々の歴史や藤原氏繁栄の物語と続き、最後に数々の昔話が語られています。単なる歴史の回想にとどまらず、実際に生きた人間の歴史として読者に語りかけてくる魅力的な作品だと思います。大宅世継（推定一九〇歳）・夏山繁樹（推定一八〇歳）という老人がいきいきと歴史を語っているんですね。

天皇親政の理想的な時代の例としてよく古文に引用されるのが醍醐天皇と村上天皇の御代です。当時の年号をとって延喜・天暦の治と呼ばれています。『枕草子』にもとりあげられていますよ。

村上天皇には数々の逸話がありますが、その中でも最も有名なのが今回の「鶯宿梅《おうしゅくばい》」と呼ばれる逸話です。このお話は『大鏡』だけでなく、鎌倉時代の説話集『十訓抄』や勅撰和歌集の『拾遺和歌集』にも掲載されています。「貫之のぬしの娘」とは紀貫之の娘の紀内侍《きのないし》のこと。彼女は亡き父が愛した紅梅をその形見として大切にしていました。「遺恨のわざをもしたりけるかな」には、勅命として梅の木を無理やり取り上げたことに対する帝の後悔の念が滲んでいますね。村上天皇には、このような優しい人柄を伝える話が多く見られます。これは『大鏡』の作者だと目される人物が村上天皇の縁戚であることが影響していると言われています。

物語『平家物語』

語数
364語
得点
50点
問題頁
P.12
古文音声

❶読解のポイント

戦に敗れ、斬首される間際の平宗盛《たいらのむねもり》の悲壮な様子が描かれた文章です。最期の面会にと訪れた彼の息子の副将とのやりとりが中心になっています。宗盛の言葉の中に今は亡き副将の母の言葉が引用されていることに注意すること。また、文章の解釈や敬意の方向など、これまでの基礎を応用する設問が多いのが今回の特徴です。難解な文章ではないので、それぞれが置かれている立場を考慮しながら読解してみましょう。

〈あらすじ〉

平宗盛は清盛の三男。壇ノ浦の合戦の後にとらえられ、長子清宗とともども処刑の地である近江に送られようとしている。そんなさなか、幼子の副将が父恋しと逢いにやってくる。帰るように促す宗盛・清宗といつまでも帰ろうとしない副将。日が暮れ、乳母に連れられて去っていく副将を見送る宗盛の心は言葉に表すすべもない。

❷登場人物

A 若君…Bの幼い子供であり、Dの弟。父逢いたさにやってくる。BとDに帰るように促されてもなかなか聞き入れようとしない。

B 大臣殿…AとDの父親。捕らえられてDとともども処刑地に向かっている。その途中、Aと対面し、感涙にむせっている。

C 母…今は亡きAとDの母親。Aの将来を気がかりに思い、Bに自分の亡き後のAのことをくれぐれもと託していた。

D 右衛門督《うえもんのかみ》…Bの長男であり、Aの兄。父とともども処刑地に送られようとしている。

1

3 全文解釈

（重要語／助動詞／接続助詞／尊敬語／謙譲語／丁寧語）

若君ははるかに父を見奉り給ひて、よに嬉しげにおぼしたり。「いかに、これへ」とのたまへば、やがて御膝のうへに参り給ふ。

若君ははるか遠くに父君を拝見なさって、非常に嬉しそうにお思いになっている。（Bが）「どうした、こちらへ（参れ）」とおっしゃるので、（Aは）すぐに父君のお膝の上に参りなさる。

大臣殿、若君の御ぐしをかきなで、涙をはらはらと流いて、守護の武士どもにのたまひけるは、「これは、おのおの聞き給へ、母もなき者にてあるぞとよ。

大臣殿は、若君のおぐしを撫でて、涙をはらはらと流して、（大臣殿を）護衛する武士たちにおっしゃったことには、「このことについて、皆さん聞きなされ、（この子供は）母もなき者であるのだよ。

この子が母は、これを産むとて、産をば平らかにしたりしかども、やがてうち臥して悩みしが、『いかなる人の腹に公達をまうけ給ふとも、思ひかへずして育てて、わらはが形見に御覧ぜよ。さし放つて、乳母なんどのもとへつかはすな』と言ひしことが不憫さに、あの右衛門督をば、朝敵をたひらげん時は大将軍させ、これ

この子の母は、この子供を産もうとして、お産までは無事にしたのだけれども、そのまま寝込んで病気になったところ、（妻が私に）『（あなた様が）どのような奥方のお腹にお子をもうけなさったとしても、考えをひるがえさないで育てて、私の形見としてご覧ください。手放して、乳母などのところにおやりになるな』と言ったことの気の毒さに、（この子の兄にあたる）あの右衛門督を、朝敵（である源氏）を平定するようなときには大将軍にし、この子

単語・文法・解説

□**やがて**【軈て】副
①すぐに　②そのまま

□**なやむ**【悩む】動マ四
①病気になる　②困る・苦しむ

□**たひらぐ**【平らぐ】動ガ下二
①平にする・ならす
②おさめる・静める・平定する

❶…「に」の識別において「…に」で終わる副詞は非常に重要であるため、巻末付録の「に」の識別をしっかり確認しておくこと（118頁）。

をば副将軍Aせさせんずればとて、名を副将と付けたりしかば、なのめならず

を副将軍にさせるつもりだということで、（この子を）副将と名付けたところ、（Cは）❷格別に

嬉しげに思ひて、すでに限りの時までも、名を呼びなんどして愛せしが、七

嬉しいように思って、もはや臨終を迎えるときまでも、（この子の）名前を呼んだりしてかわいがっていたが、七

日といふにはかなくなりてあるぞとよ。この子Aを見るたびごとには、その

日経って**死んで**しまったということだよ。（私が）この子を見るたびに、その

ことがB忘れがたくおぼゆるなり」とて、涙もせきあへ給はねば、守護の武士

ことが忘れがたく思われるのだ」と言って、**涙を止めること**がおできにならないので、護衛の侍

どもも皆、袖をぞ絞りける。右衛門督Dも泣き給へば、乳母も袖を絞りけり。

たちも皆、涙で袖を絞ったのであった。右衛門督もお泣きになるので、乳母も涙で袖を絞ったのであった。

やや久しくあつて大臣殿B、「さらば副将、とく帰れ。嬉しう見つ」とのたまへども、

少し経って大臣殿は、「それでは副将よ、早く帰れ。嬉しくも（お前）に会えた（ことよ）」とおっしゃるが、

若君A帰り給はず。右衛門督Dこれを見て、涙をおさへてのたまひけるは、「やや

若君はお帰りにならない。（兄の）右衛門督は（この様子を）見て、涙を抑えておっしゃったことには、「**これこれ**

副将御前、今宵はとくとく帰れ。ただいま客人の来うずるぞ。明日は急ぎ参れ」

副将さん、今夜は早く早く帰れ。すぐに**客人**がやってくるぞ。明日急いで参れ」

とのたまへども、父Bの御浄衣の袖にひしと取り付いて、「いなや帰らじ」と

とおっしゃるが、（Aは）父君の浄衣の袖にしがみついて、「**いやいや**帰るまい」と

□**なのめならず**【斜めならず】連
①いいかげんではない・格別である

□**はかなくなる**【果無くなる】連語
①死ぬ

□せきあふ【塞き敢ふ・堰き敢ふ】動八下二
①（涙などを）せき止めてこらえる

□**やや**【漸・稍】副
①だんだん　②少し

□やや 感
①これこれ　②おやおや

□**まらうと**《ロウ》【客人】名
①客人

□いなや【否や】感
①いやいや　②これはこれは

❷…ここでの「なのめなり」は「平凡だ」の意味でとる。それに打消の「ず」を接続されているため、反対の意味になるような「非常に」などで訳す。

3

2

こそ泣き給へ。

泣きなさる。

かくてはるかに程ふれば、日もやうやう暮れにけり。(2)さてしもあるべき

こうしてずいぶんと時が経ったので、日もだんだん暮れてしまった。そのままでいる

ことならねば、乳母の女房抱き取つて御車に乗せ(b)奉り、二人の女房どもも

ことはできないので、乳母の女房が（若君を）抱き取ってお車に乗せ申し上げ、二人の女房たちも

袖を顔に押し当てて、泣く泣く暇申しつつ、ともに乗つてぞ出でにける。

袖を顔に押し当てて、泣く泣くお暇を申しながら、（若君と）共に（その場を）離れたのであった。

B 大臣殿はうしろをはるかに御覧じ送つて、(3)「日頃の恋しさはことの数ならず」とぞ悲しみ給ふ。

大臣殿は後方をはるかに見おくりなさり、「いつも恋しく思う恋しさは**物の数ではない**（ほど今の別れをつらく感じるのだ）」と言って悲しみなさる。

□★★★**やう《ヨ》やう《ヨ》【漸う】** 副
①だんだん

□★★★**さて** 副／接
①そのまま
②そこで・さて

□かずならず**【数ならず】** 連語
①物の数ではない

❹ 解答・解説

問1（答 そのまま寝込んで病気になった）

傍線部(1)を単語に分けると次のようになる。

やがて〔副〕／うち〔接頭〕／臥し〔四[用]〕／て〔接助〕／悩み〔四[用]〕／し〔過去[体]〕

「やがて」は「すぐに／そのまま」と訳す副詞。「産をば平らかにしたりしかども」に続く箇所であるので、「お産を終えた後、（体調が戻らず）そのまま病に臥した」のように訳すのが適当である。「うち」は強意の接頭語。「なやむ【悩む】」は「病気になる」と訳す。よって、「そのまま寝込んで病気になった」などと訳すとよい。

問2（答 (a)㋐ 宗盛　(b)㋑ 副将）

宗盛は幼い副将に向かって、亡き妻（副将の母）が死の直前に言い残した言葉を宗盛に語って聞かせている。『いかなる…つかはすな』の箇所である。「御覧ぜよ」は尊敬語の命令形なので、聞き手である宗盛に対する敬意であると考えること。よって二重傍線部(a)は、副将の母から宗盛に対する敬意だと考えることができる。よって、正解は㋐。

二重傍線部(b)の前文に「乳母の女房抱き取って」とある。この「て」は主語同一用法の接続助詞であるから、続く「御車に乗せ奉り」についても主語は「乳母の女房」であることがわかる。「奉り」は「…申し上げる」と訳す謙譲語の補助動詞である。謙譲語は動作を及ぼす対象を敬意する語であるため、乗せる動作をしたのは「乳母の女房」で、その動作を受けているのは「副将」である。

なお、この箇所は地の文であるから、敬意の方向は、筆者→副将となる。よって、答えは㋑。

問3（答 A㋒ 動詞＋助動詞（使役）＋助動詞（意志）＋助動詞
B㋔ 動詞＋形容詞＋動詞＋助動詞（断定））

波線部の文法的説明として、正しいものを選ぶ問題。まずは単語に分け、助動詞の意味については、接続および前後の文脈をふまえて考えるとよい。

波線部Aを単語に分けると次のようになる。

せ〔サ変［未］〕／させ〔使役［未］〕／んずれ〔意志［已］〕／ば〔接助《原因》〕

「せ」はサ行変格活用動詞「す」の未然形。

「させ」は助動詞「さす」の未然形であるが、「さす」の意味である「使役・尊敬」のどちらかに判別する必要がある。後に「給ふ・おはす」などの尊敬語が続いていない場合は「使役」にするとよい。

「んずれ」は助動詞「んず」の已然形で、「んず（むず）」には「意志・推量・仮定・婉曲・適当・勧誘」と六つの意味があるので、注意して判別する必要がある。ここは文脈から、宗盛自身の意志が反映されている箇所と考え、「意志」の助動詞と捉えること。「ば」は已然形に接続する場合、「～ので」と訳す接続助詞「ば」の原因・理由の用法であるため、正解は㋒。

波線部Bを単語に分けると次のようになる。

忘れ〔下二［用］〕／がたく〔接尾〕／おぼゆる〔下二［体］〕／なり〔断定［終］〕

「忘れ」は動詞「忘る」の連用形。「がたく」は動詞の連用形について「…することが難しい」と訳し形容詞を作る接尾語であるが、一語の形容詞として判断する場合もある。「おぼゆる」は動詞「おぼゆ【覚ゆ】」の連体形。「なり」は連体形に接続しているので、断定の助動詞「なり」の終止形である。「なり」の識別については、巻末付録を参照（➡119頁）して覚えておこう。よって、正解は㋔。

問4（答 ㋓ なのめならず）

選択肢㋐～㋔の古語の意味は以下のとおり。

㋐ あたら…シク活用の形容詞「あたらし【惜し・新し】」（訳：惜しい／新しい）の語幹。

㋑ こころづきなく…ク活用の形容詞「こころづきなし【心付き為し】」（訳：気にくわない）の連用形。

㋒ すずろに…ナリ活用の形容動詞「すずろなり【漫ろなり】」（訳：むやみやたらに／無性に…だ／思いがけない）の連用形。

㋓なのめならず…ナリ活用の形容詞「なのめなり【斜めなり】」（訳：いいかげんである／平凡だ）に打消の助動詞「ず」が接続した連語。つまり、反対の意味の「いいかげんではない／格別だ」と捉えればよい。

㋔やんごとなく…ク活用の形容詞「やむごとなし【止むごと無し】」（訳：高貴だ／捨ててはおけない）の連用形。

設問にある「甚だしく」の意味を持つ語ということで考えると、㋒と㋓が残る。しかし、これが副将の母が死に際に見せた非常に嬉しそうな表情を宗盛が描写した箇所であることを考えれば、文脈から考えて、正解は㋓となる。

問5（答 ㋔ **いつまでも副将を宗盛のもとに留めておくわけにもゆかないから**）

選択肢はどれも、「さて」の内容を具体的に補ったものとなっている。傍線部自体の意味を正しくとると共に、文脈を考慮して、言葉を補う必要がある。

傍線部(2)を単語分けすると以下のようになる。

さて〔副〕／し〔副助〕／も〔係助〕／ある〔ラ変[体]〕／べき〔可能[体]〕／こと〔名〕／なら〔断定[未]〕／ね〔打消[已]〕／ば〔接助〕〈原因〉

「さて」は「そのままで／そこで・さて」と訳す副詞。

「べき」は「…できる」の意味の可能の助動詞「べし」の連体形。「べし」は「推量・当然・可能・意志・命令・適当」の六つの意味を持つので判別が必要であるが、後に打消の語があるときには、「可能」の意味でとるとよい。ゆえに、傍線部(2)では「可能」の意味となる。

「なら」は断定の助動詞「なり」の未然形。「こと」という名詞についているので、「伝聞推定」ではなく「断定」の意味でとる（📖119頁）。

「ば」は、「…ので」と訳す接続助詞「ば」の原因・理由の用法。

以上のことから、傍線部(2)全体で、「そのままでいることはできないので」と訳す。問題となる「そのまま」の内容は、前文に「父の御浄衣の袖に……とこそ泣き給へ。」とあることから、副将が、宗盛から離れるのを拒んでいる状態だとわかる。正解は㋔。

問6（答 ㋒ **これまで副将に会えず恋しく思ってきたが、それは今日の別れのつらさに比べるとたいしたものではない**）

傍線部(3)を単語分けすると以下のようになる。

日頃（名）／の（格助〈連体〉）／恋し（シク［語幹］）／さ（接尾）／は（係助）／こと（名）／の（格助〈連体〉）／数ならず（連語）

「ことの数ならず」を、正しく意味がとれるかどうかがポイント。「数ならず」とは「物の数ではない」などと訳す慣用表現で、実際に数えるわけではない。この部分の訳出から、正解は㋒に絞ることができる。

また、「日頃」は「数日の間」の意でよく出題される重要古語であるが、この箇所の場合は現代語と同じく「いつも／日常」の意でとるとよい。

問7（答 ㋔ 副将の母は、宗盛が他の夫人との間に子をなすことは容認していたが、副将のことは宗盛自ら養育することを懇願した。）

本文との内容合致問題では、選択肢の文章が長く、まぎらわしいものがあるので、本文中に根拠となる記述があるか慎重に確認するとよい。

㋐＝×…「妻と死別して長い年月を過ごした」および「これまで記憶の彼方にあったその母の遺言を思い出し」という具体的内容は本文のどこにも書かれていない。

㋑＝×…「副将の母は、宗盛の許しを得て愛するわが子に副将という名前を付け」が本文の内容と相違する。副将と名付けたのは宗盛である。

㋒＝×…「副将は、……源氏との合戦の際にもその地位で出陣した」が本文の内容とは異なる。幼い副将が合戦に参加したという記載はない。

㋓＝×…「警護の武士たちは、……次第に彼に対して心を開いていった」が本文の内容とは相違する。警護の武士が袖を濡らしたという記載はあるが、「心を開いた」とまでの記載はない。

㋔＝○…「いかなる人の腹に公達をまうけ給ふとも、思ひかへずして育てて、わらはが形見に御覧ぜよ。さし放つて、乳母なんどのもとへつかはすな」という亡き副将の母の言葉が㋔と一致する。

よって正解は㋔。

問8（答 ㋐ **今昔物語集**）

『平家物語』は鎌倉初期に成立した軍記物語。㋐は平安時代後期に成立しているから、この作品のみが異なる。詳細は巻末付録を参照（☞125頁）。

作品紹介

『平家物語』

～最期の一言～

（信濃前司行長？／鎌倉時代）

『平家物語』は鎌倉時代に成立した軍記物語。筆者は信濃前司行長だと言われています。平清盛の死を境に前半と後半に二大別されます。前半は清盛を中心とした平家の台頭と栄華、後半は源氏に追い詰められていく平家の衰運と滅亡。平家の滅亡後は平家一門唯一の生き残りである平清盛の娘の建礼門院（平徳子）の述懐が語られます。因果応報の仏教思想や儒教思想を帯びたこの作品は軍記物語の代表作と言われています。冒頭の「祇園精舎」の章段には仏教的思想が色濃く示され、これからの平家の盛者必衰を予見することができます。

登場人物の平宗盛は清盛の三男であり、安徳天皇の母である建礼門院は同母妹にあたります。壇ノ浦の合戦では死にきれずに泳ぎ回り父子ともども捕らえられ、命乞いをするも聞き入れられませんでした。その後結局、宗盛は近江（今の滋賀県）で切られ、首を獄門台にさらされてしまったとされています。命乞いは息子の助命を願ってのこと。しかしながら平家物語はこの人について「無能で愚劣な人物」と評しているのです。

それに比して宗盛の実母の二位の尼（平時子）の最期は、孫の安徳天皇を抱いて入水する場面があるなど実に立派に描かれています。「もうこれまで」と死期を悟った二位の尼の「波の底にも都がありますよ」というセリフには鬼気迫るものを感じます。宗盛のめめしさと二位の尼の潔さは実に対照的に描かれています。

第4回 解説 EXPLANATION

日記『讃岐典侍日記』

❶読解のポイント

病床で病魔にむしばまれている堀河天皇、それを献身的に支える讃岐典侍（藤原長子）。主語のない心情表現や謙譲表現の主体は基本的には筆者自身であると考えましょう。二重尊敬や最高敬語の主体は堀河天皇ですね。それぞれの立場や心情を追いながら、一つ一つの単語の意味も理解して解きすすめていきましょう。

〈あらすじ〉

堀河天皇の病状はよくなるどころか、むしろ悪化の一途をたどっていた。筆者は苦しむ堀河天皇に薬湯を飲ませたり食事をとらせたりと、献身的な看病をし続けるが、堀河天皇は筆者の仮眠をも阻止しようとしている。筆者は看病をし続けるも、周りの人々に「このままではあなたが身体を壊してしまうから」と言われ、看病を他の人と交代し局に退出したが、局にさがってからも心は思い乱れるのであった。

❷登場人物

私 筆者…堀河天皇にお仕えする女官。讃岐典侍、藤原長子のこと。

A 堀河天皇…風流で心優しい天皇。病に苦しんでいる。

B 三位の御もと…筆者の姉の藤三位。堀河天皇の乳母であった。

C 大臣殿の三位…筆者の同僚の女性。筆者とともに天皇の看病にあたっている。

語数
360語
得点
/50点
問題頁
P.18
古文音声

1

3 全文解釈

（■重要語／■助動詞／■接続助詞／■尊敬語／■謙譲語／■丁寧語）

おどろかせたまへる御まみなど、日ごろの経るままに、弱げに見えさせ

（Aが）お目覚めになられているまなざしなどは、日が経つにつれて、弱々しそうにお見えに

たまふ。❶おほとのごもりぬる御けしきなれど、われは、ただまもりまゐらせて、

なる。お眠りになったご様子であるが、私は、ただじっと見つめ申し上げて、

「おどろかせたまふらんに、みな寝入りてとおぼしめさば、ものおそろしくぞ

「（Aが）お目ざめになったようなときに、皆眠っているなと（Aが）お思いになったとしたら、なんとなく恐怖を

おぼしめす、ありつる❷おなじさまにてありけるとも御覧ぜられん」と思ひて、見

お感じになる（ので）、さっきと同じ様子でいたのだなとお目にかけよう」と思って、（Aのお顔を）拝

まゐらすれば、御目弱げにて御覧じあはせて、「いかにかくは寝ぬぞ」とおほせ

見したところ、弱弱しそうなまなざしをなさって目をお合わせになって、「どうしてこのように寝ないのか」とおっしゃ

らるれば、「御覧じ知るなめり」と思ふも、堪へがたくあはれにて、「三位の御もと

るので、（私が）「お気づきであるようだ」と思うのも、堪えがたくしみじみと悲しくなって、（私からAに）「（姉の）三位の御

より、『さきざきの御心地のをりも、御かたはらに常にさぶらふ人の見

もとから、『以前の御病気の折にも、おそばに常にお仕えする人が（Aのことを）お世話

まゐらするがよきに、よく見まゐらせよ。』をりあしき心地を病みて参らぬが、

申し上げるのが良いから、しっかりお世話申し上げよ。』（Bは）時機が悪い病気になって参内できないのが、

単語・文法・解説

□★★★ **まもる**【目守る】動ラ四
①じっと見つめる
②大切に世話をする

□★★★ **ありつる〜**【在りつる】連体
①さっきの〜

❶…おほ《オ》とのごもる【大殿籠る】は、「おやすみになる」の意味である「寝」の尊敬語。

❷…「同じ」が体言に接続する場合、連体形「おなじき」より、終止形「おなじ」を用いる方が多い。

4

2

わびしきなり』」と申せどえぞ続けやらぬ。

つらいのだ』」と（私がAに）申し上げるが（それ以上言葉を）続けることができない。

「せめて苦しくおぼゆるに、B かくしてこころみん。やすまりやする」とおほせられて、御枕がみなるしるしの箱を、御胸のうへに置かせたまひたれば、

（Aが）「非常に苦しく感じられるので、このようにしてみよう。楽になるだろうか」とおっしゃって、枕元にある霊験あらたかな箱を、お胸の上にお置きになったところ、

「まことにいかに堪へさせたまふらん」と見ゆるまで、御胸のゆるぐさまぞ、ことのほかに見えさせたまふ。御息も、たえだえなるさまにて聞こゆ。

「（Aは）本当にどのように（苦しさに）堪えていらっしゃるのであろう」と思われるほど、お胸のゆれる様子が、並外れてお見えになる。お息も、絶え絶えしい様子に聞こえる。

「顔も見苦しからん」と思へど、「かくC おどろかせたまへるをりに❸だに、もの参らせこころみん」とて、顔に手をまぎらはしながら、御枕がみに置きたる御かゆやひるなどを、「もしや」とくくめまゐらすれば、すこしD 召し、また❶E 大殿ごもりぬ。

（私は）「顔も見苦しいだろう」と思うが、「せめてこのように（Aが）お目覚めになっているうちだけでも、お食事を差し上げるのを試してみよう」と思って、顔に手をかざして隠しながら、枕元に置いたおかゆや薬湯などを、「もしかしたら」とお口に含ませ申し上げると、（Aは）少しお食べになり、再びお眠りになった。

3

明けがたになりぬるに、鐘の音聞こゆ。「明けなんとするにや」と思ふ

夜明けになったので、鐘の音が聞こえる。（私は）（夜が）明けてしまおうとするのだろうかと思う

□わびし【侘し】形シク
①さびしい ②つらい

□しるし【徴・験】名
①効果 ②霊験 ③兆し・前兆

□くくむ【銜む・含む】動マ下二
①口の中に含ませる
②納得させる・言い含める

❸…「だに」には「せめて…だけでも」と訳す希望の最小の用法と「…さえ」と訳す類推の用法がある。希望の最小の用法の場合、願望・仮定・命令・意志などの表現が後に続く。この本文の場合、「だにもの参らせこころみん」の「ん」が意志の助動詞「ん（む）」の終止形であるから、希望の最小の用法であると考えること。

に、いとうれしく、やうやう鳥の声など聞こゆ。朝ぎよめの音など聞くに、

と、非常に嬉しく、次第にカラスの声などが聞こえる。朝の掃除の音などを聞くと、

「明けはてぬ」と聞こゆれば、「よし、例の、人たちおどろきあはれなば、かはりてすこし寝入らん、」と思ふに、御格子参り大殿油まかでなどすれば、「やすまん」と思ひて単衣を引き被くを御覧じて、引き退けさせたまへば、「なほな❹寝そと思はせたまふなめり❺」と思へば、起き上がりぬ。C大臣殿の三位、「昼は御前をばFたばからん。やすませたまへ」とあれば、おりぬ。待ちつけて、「われも、強くてこそ、あつかひまゐらせたまはめ」といふ。なかなか、かくいふからに、堪へがたき心地ぞする。

「すっかり夜が明けた」というように思われるので、「よし、いつもの、（お付きの）人たちがお目覚めになられたら、交代して少し眠ろう」と思っていると、御格子をお上げし大殿油をお下げなどするので、（私は）「休もう」と思って単衣をかぶろうとするのを（Aが）ご覧になって、（単衣を）引き退けなさるので、（私は）「やはり眠るなどとお思いになっているようだ」と思うので、（私は）起き上がった。大臣殿の三位が、「昼は帝のお世話を工夫しましょう。お休みになってください」と言われるので、（私は）下がった。（下仕えの者が私を）待ち受けて、「ご自身も、体が丈夫であってこそ、お世話申し上げなさることができる」と言う。かえって、このように話すだけで、堪えがたい気持ちになる。

□★たばかる【謀る】動ラ四
①計画を立てる・工夫する
②だます

❹…「な」は終助詞「な」と呼応して「〜してはいけない」のように訳す。

❺…「なめり」の「な」は断定の助動詞「なり」の連体形の「なる」が擬音便化して「なん」となり、最終的に「な」となったもの。「めり」は推定の助動詞「めり」の終止形。「…ようだ」と訳す。

❹ 解答・解説

問１（答 ふ）

傍線部Ａ「経る」は「まま」という名詞が下に続いているので連体形であり、その終止形は「経」である。「経」は「へ・へ・ふ・ふる・ふれ・へよ」と活用するハ行下二段活用動詞であるので、「経る」は「ふる」と読む。よって、正解は「ふ」。

なお、ア行下二段活用動詞「得（う）」、ナ行下二段活用動詞「寝（ぬ）」と、ハ行下二段活用動詞「経（ふ）」の合わせて三つを、語幹と活用語尾の区別ができない動詞としてまとめて覚えておくとよい。

問２（答 え）

空欄部Ｘの後に打消の助動詞「ず」の連体形「ぬ」（係助詞「ぞ」の結び）が続いていることに注意すること。副詞「え」は「呼応の副詞」で、後の打消表現とセットになって「…できない」と不可能の意味となる重要表現である。「えぞ続けやらぬ」で「それ以上言葉を続けることができない」という訳になるのは「え」。

問３（答 御枕がみな）

傍線部Ｂを単語分けすると次のようになる。

かく（副）／し（サ変［用］）／て（接助）／こころみ（上一［未］）／ん（意志［終］）

まず、傍線部Ｂの主語について考える。傍線部Ｂを含む「せめて……やすまりやすする」という会話文の後に「おほせられて」という尊敬表現があるので、これは高貴な人物の発言であることがわかる。また、「せめて苦しくおぼゆる（自敬表現）」とあることが、リード文の「病床にある堀河天皇」と合致するため、この会話文の主語は堀河天皇であることがわかる。

次に助動詞「ん」の意味を判別する。助動詞「ん」は、「意志・推量・仮定・婉曲・適当・勧誘」の六つの意味を持つが、**主語が一人称の場合には「意志」でとる**ことが多い。この場面も天皇ご自身の行動について述べられているので、「**意志**」で意味をとる。

そして、「『せめて……やすまりやすする』とおほせられて」の「て」は主語同一用法の接続助詞の「て」。傍線部Ｂを含む会話文と、続く「御枕がみなる……」の主語は同じなので、動作主は堀河天皇であることがわかる。どこまでが同じ主

語かと見れば、次の行の「置かせたまひたれば」の「ば」は主語転換用法の接続助詞の「ば」であるので、そこの部分までが堀河天皇が主語だと言える。

よって、「御枕がみなるしるしの箱を、御胸のうへに置かせたまひたれば、（二十九字）」の箇所が、「かくしてころみん」の内容である。解答である最初の五文字は「**御枕がみな**」となる。堪えがたい痛みに苦しんでいる帝は、その苦しみから少しでも解放されたいと願い、わらにもすがる気持ちで帝位の象徴である「しるしの箱」[※1]を胸の上に置いてみたのである。

問4（答 **堀河天皇がお目覚めになっているとき**）

傍線部Cを単語分けすると次のようになる。

おどろか（四［未］）／せ（尊敬［用］）／たまへ（四［已］〈補〉）／る（存続［体］）／をり（名）

「せ」「たまへ」は「…なさる」と訳す二重尊敬の表現。二重尊敬を用いて敬意を表す人物は、堀河天皇以外には見当たらない。「る」は「…ている」と訳す存続の助動詞「り」の連体形。「をり【折】」は「時・際」などと訳す名詞。したがって、「**堀河天皇がお目覚めになっているとき**」のように訳すこと。現代語訳の場合、解答欄に余裕があれば主語を補足して解答するとよい。

問5（答 ㋒ **食べる**）

「めす【召す】」は、「見る／呼ぶ／食べる／治める／乗る」などの尊敬の意味を示す。意味を判断する場合、何を「召す」のかを考えること。前文に「御枕がみに置きたる御かゆやひるなどを」とあり、「御かゆ」はおかゆ、「ひる【蒜】」は薬草のことであるから、「召す」は口にするの意味であると考えるとよい。答えは㋒。

※1…しるしの箱を含む三種の神器とは、皇位継承の象徴だけでなく、帝を守護するものでもあったと考えられる。

問6（答 ㊣ 天皇はお眠りになった。）

「おほとのごもる【大殿籠る】」は「お眠りになる」と訳す動詞の連用形、「ぬ」は完了の助動詞「ぬ」の終止形である。お粥や薬草を差し上げたところ、少し食し、帝はお眠りになったのである。答えは㊣。

問7（答 ㋔ なんとか方法を工夫しましょう。）

「たばから」は「計画を立てる／工夫する／だます」などと訳す動詞「たばかる【謀る】」の未然形であるが、文脈に合わせて、単語の意味を柔軟に捉える必要がある。「なほな寝そ（訳：まだ寝ないで付き添ってほしい）」という堀河天皇のお気持ちを汲んでなかなか休めなかった。そこに、大臣殿の三位が、「なんとか方法を工夫（して看病を交代）しましょう」と助け舟を出してくれたと考えること。正解は㋔。

問8（答 ㋺ 枕草子　㋭ 大和物語）

『讃岐典侍日記』は天仁元年（一一〇八）頃に成立したとされる平安時代後期の日記であるから、平安時代中期に成立した随筆である㋺の『枕草子』と十世紀半ば平安時代の初〜中期に成立した歌物語である㋭の『大和物語』を選ぶ。

その他の作品の詳細は巻末付録を参照（☞124頁）。

4

作品紹介

『讃岐典侍日記』（藤原長子／平安時代）

～墨染のたもと、招く薄～

『讃岐典侍日記』は平安時代後期に讃岐典侍（＝藤原長子）によって書かれた日記で、堀河天皇の発病と崩御や鳥羽天皇の即位などが中心に記されています。上巻では、病苦の堀河天皇を懸命に看病したことを描き、下巻で新帝（＝鳥羽天皇）の成長を見つめながら堀河天皇の思い出をしみじみと語っています。彼女は次のような歌を詠んでいます。

かわく間も　なき墨染の　たもとかな
あはれ昔の　かたみと思ふに

【訳】涙のせいで乾く暇もない墨染の袖であることだよ。ああ、この衣は堀河天皇を偲ぶ思い出の品と思うにつけても。

「墨染のたもと」とは喪服のこと。当時、一周忌を迎えるまで鼠色に染めた喪服を着る習慣がありました。長子は堀河天皇の崩御の後、実家に帰らず引き続き鳥羽天皇に仕えました。涙の乾くまもなく出仕したのですね。人々が鳥羽天皇の即位式の準備で盛り上がる一方、彼女は孤独でした。

次は亡き帝の墓参りのときに詠まれた歌です。

花すすき　まねくにとまる　人ぞなき
けぶりとなりし　あとばかりにして

【訳】花すすきが招いているのにとどまる人もいない。亡き帝が煙となって空にお登りになった後だけがただそこにあるだけだよ。

風に揺れる墓前のすすきを「ここにおいで」と言わんばかりに手招きをする亡き帝に見立てています。『讃岐典侍日記』は、かけがえのない人がいなくなった空間に居続ける苦しみを切々と語った作品でもあります。

第5回

解説 EXPLANATION

日記『和泉式部日記』

語数
230語
得点
/50点
問題頁
P.22
古文音声

❶ 読解のポイント

筆者（女・私）のもとに訪れる宮（帥宮敦道親王《そちのみやあつみちしんのう》）の優雅な様子が描かれています。筆者の家に姿を見せた宮に対して筆者の詠んだ「こころみに」の歌の中にある「月」が誰をたとえているのか。「影やとまる」の歌に筆者のどのような心情が表現されているのか。この歌を耳にする前と耳にした後の宮の心の変化を考察し、単語の意味の識別にも注意しながら読解していきましょう。

〈あらすじ〉

宮に手紙を送ったところ筆者の家に宮が訪れた。宮のお姿は美しく優美である。宮は「返事を渡そうとしたのだが、君の使いが受け取らないで帰ったので、渡しにきた」と言って手紙を渡して帰ろうとする。筆者は宮にいつまでもいてほしいと思う歌を詠むと、宮はそんな筆者をしみじみと愛しいと思うのであった。

❷ 登場人物

A **女**…筆者自身。宮と手紙のやり取りをしている。宮に魅力を感じているが、宮の本当の気持ちをわかりかねている。

B **宮**…筆者の交際相手の男性。帥宮敦道親王。筆者の男性関係について懐疑的ではあるが、筆者当ての手紙をわざわざ置きに来る。筆者の歌に情趣を感じ、惹かれている。

C **樋洗童《ひすましわらわ》**…筆者の家の下仕えの女。手紙の受け渡しをしている。

D **右近の尉**…宮の側近。宮と筆者をとり継いでいる。

3 全文解釈

（重要語／助動詞／接続助詞／尊敬語／謙譲語／丁寧語）

1

樋洗童(C)して、「右近の尉(D)にさし取らせて来」とてやる。御前に人々して、御物語しておはしますほどなりけり。(ア)人まかでなどして、右近の尉(D)さしいでたれば、「例の車に装束せさせよ」とて、おはします。女(A)は、まだ端に月ながめてゐたるほどに、人(A)の入り来れば、簾うちおろしてゐたれば、例のたびごと目馴れてあらぬ御姿にて、御直衣などの、(イ)いたうなえたるしも、をかしう見ゆ。もの ものたまはで、ただ御扇に文を置きて、「御使の取らでまゐりにければ」とて、さしいでさせたまへり。女(A)、もの聞こえむにもほど遠くてびんなければ、扇をさしいでて取りつ。宮(B)(1)も上りなむとおぼしたり。前栽

（Aは）下仕えの少女に命じて、「右近の尉に（この手紙を）取らせてこい」と手紙を送る。（Bが）御前に人々をお呼びになって、お話していらっしゃるときのことであった。人々が退出などしてから、右近の尉が（手紙を）**差し出し**たところ、「いつもの車を支度させよ」と言って、（女の家に）いらっしゃる。女は、まだ邸宅の端の方で月を**ぼんやりと見**ていたときに、人が入って来るので、簾をおろしていたところ、（Bが）いつもお越しになる度ごとに見慣れてはいない（新鮮な）お姿で、お直衣などが、とても**着なれて柔らかくなっているの**も、風情があるように見える。（Bは）何もおっしゃらないで、ただ扇に手紙を置いて、「お使いが（お返事を）受け取らないで帰ってしまったので」と言って、差し出しなさった。女は、何か申し上げようにも距離が遠くて**不都合であるの**で、扇を差し出して受け取った。宮もおあがりになろうとお思いになっている。（Bは）庭の

単語・文法・解説

□さしいづ【差し出づ】動ダ下二
①出す・差し出す

★★□ながむ【眺む・詠む】動マ下二
①物思いにふける・ぼんやりと見る
②（和歌や漢詩を）口ずさむ

□なゆ【萎ゆ】動ヤ下二
①力がなくなって、ぐったりする
②衣服が着なれて柔らかになる
③しおれる

★★★□びんなし【便無し】形ク
①不都合だ・良くない
②気の毒だ

❶…格助詞「して」の用法には、使役の対象（～に…させる）、動作の共同者（～と共に…する）、方法・手段（～で…する）の三つの用法がある。

❷…「まかづ【罷づ】」は、身分の高い人などのもとから「退出する」という意味の謙譲語。

のをかしきなかに歩かせたまひて、「人は草葉の露なれや」などのたまふ。

〈主格〉植え込みの風情あるところにお歩きになって、〈補〉❸「人は草葉の露なのだろうか」などおっしゃる。

いとなまめかし。近う寄らせたまひて、「今宵はまかりなむよ。たれに忍び

たいそう**優美である**。（BはAの近くに）〈ウ音便〉お寄りになって、〈補〉「今宵は退出することにするよ。誰が**隠れ忍んで**

つるぞと、見あらはさむとてなむ。明日は物忌と言ひつれば、なからむも

やってきたかを、明らかにしようと思って（やってきたのだ）。明日は**物忌**だと言っていたので、〈原因〉（私が）いないようなのも

あやしと思ひてなむ」とて帰らせたまへば、

おかしいと思って」と言って（Bが）お帰りになろうとするので、〈原因〉

(2) こころみに雨も降らなむ宿すぎて空行く月の影やとまると

（Aは）試しに雨でも降ってほしい。そうすればこの家を去っていく空を巡る月のような宮がとどまってくれるのではないか。

B 人の言ふほどよりもこめきて、あはれにおぼさる。

〈主格〉他の人が噂するよりも**子供っぽい様子をしていて**、〈起点〉（Bは）しみじみと愛しいとお思いになる。

□**なまめかし**【生めかし・艶かし】形シク
①優美だ・上品だ
②奥ゆかしい

□**しのぶ**【忍ぶ】動バ上二・バ四
①我慢する
②隠す・秘密にする
③隠れ忍ぶ

□ものいみ【物忌】名
①禍を避けるために一定期間閉じこもってが外出しないこと。

□こめく【子めく】動カ四
①子供っぽい様子をしている・おっとりしている

❸…草葉《くさば》の露《つゆ》の「露」とは、男性から女性への愛情のこと。他の男性から求愛されているのではないかと宮は女（筆者）を疑っている。

❹ 解答・解説

問1（答 (ア)② 人々が退出などしてから　(イ)① とても着なれて柔らかくなっている　(ウ)② 具合が悪いので）

傍線部の意味として、最も適切なものを選択肢から選ぶ問題。基本的な古文単語の意味を知っているかがポイントにはなるが、読解力が向上し、文脈をしっかり把握できれば、答えを導き出せる設問も多い。

傍線部(ア)を単語分けすると以下のようになる。

人（名）／まかで（下二[用]）／など（副助）／し（サ変[用]）／て（接助）

「人」とは宮の邸にいる家人のこと。「まかで」は「退出する」の意味である動詞「罷づ【まかづ】」の連用形。「罷づ」の意味から、答えは②「人々が退出などしてから」か、④「人々を退出させなさって」に絞れる。両者の違いは、「し」をサ変動詞「す」の連用形ととるか、使役の助動詞ととるかにあるが、使役の助動詞「す」は「し」という活用の仕方はしない。単語の意味と文法的解釈から、答えは②になる。

また、文脈から考えても、人々が退出などしてから、右近の尉が女（和泉式部）からの宮への手紙を宮に手渡したというのが自然である。

傍線部(イ)を単語分けすると以下のようになる。

いたう（副《ウ音便》）／なえ（下二[用]）／たる（存続[体]）／し（副助）／も（係助）

「なえ」とは「衣服が着なれてやわらかくなる」の意味の動詞「なゆ【萎ゆ】」の連用形。宮は着なれて肌に馴染んだ直衣を身に着けて筆者の家にいらっしゃったのである。当時の衣類は叩いてやわらかくし、着ているうちに身体に馴染むようなものであった。単語の意味から答えは①とする。

傍線部(ウ)を単語分けすると以下のようになる。

びんなけれ（ク[已]）／ば（接助《原因》）

「びんなけれ」は「不都合だ・良くない／気の毒だ」の意味のク活用の形容詞「びんなし【便なし・憫なし】」の已然形。自分のことについては「不都合だ」、人のことについては「気の毒だ」と訳すと覚えておくとよい。

また、「ば」は已然形に接続しているため「…ので」と訳す原因理由の用法と判断する。よって、単語の意味と文法的解釈から正解は②。「女、もの聞こえむにもほど遠くて」という箇所から考えても、宮と直接話をするには距離が遠いので「具合が悪い」とするのが自然である。

問2（答 ① **今宵はまかりなむよ**）

「なむ」の識別問題。このような識別の問題では、接続を見て文法的に答えを選ぶとよい。ただ、もし接続で答えられない場合には、文脈も考慮する必要がある。

「なむ」の識別については巻末付録を参照（☞119頁）。それをふまえたうえで、「宮も上りなむ」を考える。「上り」はラ行四段活用動詞「上る」の連用形であることから、連用形に接続する「なむ」は完了（強意）の助動詞「ぬ」の未然形＋推量（意志）の助動詞「む」の終止形が続いた形であるとわかる。この問題はでは文法的の面からのみで解答することができる（※「む」は推量や意志以外の意味（婉曲・適当・勧誘・仮定）などになる場合もある）ため、正解は①。②と③は強意の係助詞、④は「〜してほしい」と訳す願望の終助詞であるため間違いである。

問3（答 ③ **尊敬の助動詞の連用形**）

歩か〔四・未〕／せ〔尊敬・用〕／たまひ〔四・用〕／て↓

「せ」の識別の問題である。**問2**と同じように、接続を見て文法的に考える。

動詞「歩く」の連用形である「歩か」の後ろに尊敬語の動詞「たまふ【給ふ】」の連用形「たまひ」が続いていることから、「歩か」に続く助動詞は連用形。よって、「せ」も連用形であることがわかる。

選択肢の中から、連用形であるものを選ぶと、①と③に絞ることができる。どちらも使役・尊敬の助動詞「す」であるが、「せ」の後に「たまひ」という尊敬語があり、かつ使役の対象も見当たらないことから、「せ」は尊敬の助動詞だと判別する。正解は③。

問4（答 **A**② **宮**　**B**③ **周囲の人々**）

本文の「人」が誰なのかを答える問題。このような問題では、登場人物の立場から答えを導き出すとよい。

Aの「人」は直後に「入り来れば」とあることから、筆者（女）の家にやってきた外来者であることがわかる。後に

「例のたびごと目馴れてあらぬ御姿にて、御直衣などの、いたうなえたるしも、」といった宮の描写が見られるから、Aは宮本人であると考えることができる。答えは②。

Bの「人」は、後の「あはれにおぼさる」の「おぼさる」が「おぼす【思す】」の連体形であり、これが尊敬表現であることから、主体が宮であることに注意する。「人が言ふほどよりも子めきて」と思われたということは、宮は第三者から筆者について多色な女だというような噂を聞いていたのだと推測される。そのような噂を宮の耳に入れたのは③。

問5（答 ③ 立ち去ろうとする宮を引き留めたいという気持ちを和歌に託している。）

波線部(2)の和歌は以下のように単語分けされる。

こころみ(名)／に(格助)／雨(名)／も(係助)／降ら(四[未])／なむ(終助)／宿(名)／
すぎ(上二[用])／て(接助)／空(名)／行く(四[体])／月(名)／の(格助)／影(名)／や(係助)／
とまる(四[終])／と(格助)

当時、女が、通って来る男を「月」にたとえて、歌を詠むことがあった。この歌は女（筆者）が帰ろうとする宮に「雨でも降れば、月のような宮が私の家にとどまってくれるのでは」と詠んだ歌なのである。

前文に「帰らせたまへば」とあり、「たまへ」が已然形であるので、「已然形＋ば」の「順接の確定条件」の用法が使われていることがわかる。よって、この部分の訳としては「お帰りになろうとするので」となり、そのうえで和歌を品詞分解していくと、「降らなむ」の「なむ」は、**問2**で触れたように他への願望の終助詞であることがわかる。したがって、この歌は恋人が帰ろうとするときに詠まれた歌であることから、正解は③。

問6（答 (c)）

土佐日記、蜻蛉日記、和泉式部日記、紫式部日記、更級日記、讃岐典侍日記、建礼門院右京大夫集、十六夜日記、とはずがたりはいずれも「日記」の文学史である。巻末付録（☞124頁）に各文学史の成立年代や概要があるので、参照して覚えておくこと。解答は(c)である。

5

作品紹介

『和泉式部日記』

～和泉式部その情熱と献身～

（和泉式部／平安時代）

『和泉式部日記』は、平安中期の歌人・和泉式部の作品。敦道親王との恋愛を中心に書いた日記です。彼女は敦道親王と交際する前に、敦道親王の兄（＝為尊親王）と交際していたため、当時の宮中では彼女のゴシップで持ちきりでした。ほぼ同時期に中宮彰子に宮仕えした紫式部は、自らの日記に「和泉はけしからぬ方こそあれ（＝和泉式部には本当によくないところがある）」などと述べています。敦道親王にはれっきとした妻がいましたから、周りからみると「節操のない女」ということになってしまうのでしょうね。

皆さんは「召人《めしうど》」という言葉をご存じでしょうか。男主人と親密な関係にある女房のことです。和泉式部は正式な妻ではなく召人として、敦道親王の実家に入ることになっていました。彼女と主人の敦道親王との関係は周知のことでしたから、入ったあとはつらい境遇に陥ってしまうことは和泉式部自身わかっていたはず。それにもかかわらず、和泉式部は敦道親王の家に入ることを決意します。そこには「敦道親王への愛を貫くことができれば、あとはどうなってもかまわない」というなりふり構わぬ献身性を垣間見ることができます。そんな和泉式部をイメージして、この歌を味わってみてください。

物思へば　沢の螢も　我が身より
あくがれ出づる　たまかとぞ見る

（後拾遺和歌集・雑六・和泉式部）

【訳】私は恋煩いをしているので、沢のホタルも私の身体からふらふらとさまよう私の魂のように思われることだよ。

随筆『徒然草』

❶読解のポイント

本文は執権北条時頼の母の倹約的な行ないについて触れた後、「世ををさむる者」以降に兼好法師自らの意見が述べられています。例示＋筆者の主張という構成になっていることに注意して読解しましょう。主張をしている箇所には反語などの強調表現が使用されることが多いということも確認してくださいね。

〈あらすじ〉

執権時頼の母の松下禅尼《まつしたぜんに》が障子の破れた箇所だけを一つ一つ補修している。それを見た兄の義景《よしかげ》が他の者に補修を任せないかと提案すると、禅尼は「倹約の精神を時頼に気づかせようとしてそうしているのだ」と答える。治世の基本は倹約。その大切さを熟知している禅尼はまさに聖人。さすがに執権の母というべきか。

❷登場人物

A **松下禅尼**…鎌倉幕府執権・北条時頼の実母。自分の手で障子を張り替え、倹約の大切さに気付かせようとする。

B **守**…松下禅尼の子、鎌倉幕府執権・北条時頼。天下を統治する人物。

C **城介義景**《じょうのすけよしかげ》…松下禅尼の実兄。妹の禅尼が障子を張り替えているのを見て、他の者に依頼しようと提案する。

語数
207語
得点
50点
問題頁
P.26
古文音声

3 全文解釈

（重要語／助動詞／接続助詞／尊敬語／謙譲語／丁寧語）

1

❶相模守時頼の母は、松下禅尼とぞ申しける。守を入れ申さるることあり

相模守（北条）時頼の母は、松下禅尼と申し上げた。守（＝時頼）を（Aが邸に）招き入れ申し上げなさることが

けるに、すすけたるあかりさうじのやぶればかりを、禅尼手づから、小刀して

あったが、古びて汚れている明かり障子の破れた箇所だけを、禅尼が自らの手で、小刀を使って❷

きりまはしつつ張られければ、兄の城介義景、その日の経営して候ひける

あちこちを切ってはお張りになったので、兄の城介義景が、当日の準備をしてお仕えしていました

が、「賜はりて、なにがし男に張らせ候はむ。さやうのことに(1)心得たる者に候」

が、（Cが）「（小刀を）頂いて、なんとかという男に張らせましょう。そのようなことが得意な者であります」

と申されければ、「その男、尼が細工によもまさり侍らじ」とて、なほ一間

と申し上げなさったところ、（Aは）「その男は、この尼の細工にはまさか上回ってはいません」と言って、そのまま一マス

づつ張られけるを、義景、「(2)皆を張りかへ候はむ❸は、はるかにたやすく候

ずつお張りになったが、義景は、「すべてを張り替える方が、はるかに簡単で

べし。まだらに候も見ぐるしくや」と、かさねて申されければ、「尼も、後は

しょう。まだらでありますのも見苦しくはありませんか」と、繰り返し申し上げなさったところ、（Aは）「この尼も、後には

さはさはと張りかへむと思へども、けふばかりは、わざとかくてあるべき

きれいさっぱりと張り替えようとは思うけれど、今日だけは、わざわざこのようにしているべき

単語・文法・解説

□さはさはと【爽爽と】副　①きれいさっぱりと・はっきりと・すらすらと

□★★★わざと【態と】副　①わざわざ　②特に・格別に

□かくてあり【斯くて】副　①このようにして・こうして

❶…鎌倉幕府の執権である北条時頼のこと。

❷…本文の「小刀してきりまはしつつ」の「して」は手段の用法（☞47頁）。

❸…推量の助動詞「む」の後に体言が続く場合は婉曲。体言が省略されていて「むは・むに」などのように助詞が続く場合は仮定にするとよい。この箇所は「意志」でも可。

なり。物は破れたる所ばかりを修理して用ゐることぞと、若き人に見

なのだ。物というものは破れている箇所だけを直して使うこと（が大切）だと、若い人（＝時頼）に見

ならはせて、心つけむ❸ためなり」と申されける、いとありがたかりけり。

習わせて、気づかせるためなのだ」と申し上げなさったのは、とてもすばらしいことだった。

世ををさむる道、倹約を本とす。女性なれども聖人の心に通へり。

この世を**統治する**道とは、倹約を第一とする。（Aは）女性であるけれども聖人の境地に達している。

(3) 天下をたもつ程の人を子にて持たれける、誠に、ただ人にはあらざりけるとぞ。

天下を統治する度量の人を子供としてお持ちになっていた（のは）、（Aは）本当に、**ただ者**ではなかったということだよ。

□★★★**ありがたし**【有難し】形ク
①めったにない
②（めったにないほど）すばらしい

□をさむ【治む】動マ下二
①しずめる・落ち着かせる
②統治する ③修理する
④治療する

□ただびと【直人・徒人】名
①臣下 ②一般の貴族
③一般の人・ただ者

❹ 解答・解説

問1（答 る）

空欄1の前に係助詞「ぞ」があるので、**結びは連体形**になることに注意。また、次の文は「ありけるに」と、直接過去の「き」ではなく、伝聞過去の助動詞「けり」が使用されていることに着目する。筆者の兼好法師は、自分の体験ではなく、人から聞いた話をとりあげているのである。よって、この箇所でも同様に、伝聞過去の助動詞「けり」の連体形が入ると考えるとよい。解答は「る」。

問2（答 得意）

文脈に合わせて「心得」をどう意訳するかがポイント。「心得」は「理解する／用心する」などと訳す動詞「心得」の連用形。「たる」は存続の助動詞「たり」の連体形。よって、「心得たる者」の訳は「理解している者」となる。何を理解しているのかというと、兄の義景は禅尼のかわりに「なにがし男」に障子を張らせようとしたわけであるから、「障子を張ることについて理解している者」すなわち障子張りが得意なものであることがわかる。「〜な」の形に合わせて「**得意・上手**」などと解答するとよい。

問3（答 Aもっともだ　B気づかせ　C張り替えた）

兄の義景の申し出に対して禅尼は「尼も、後はさは……むためなり」と答えている。兄の意見に同意しつつも、自らが障子を張り替えることによって、息子の時頼に倹約の大切さに気づかせようとしたのである。傍線部(2)の後の禅尼の発言に照らし合わせると、解答は右記のようになる。

問4（答 ㊁ 倹約）

空欄2の前に「世ををさむる道」とあり、次の行に「天下をたもつ程の人を子にて持たれける」とあることに留意する。「世ををさめ」「天下をたもつ」人とは、松下禅尼の子の相模守時頼その人である。その時頼に見せかったのが、「物は破れたる所ばかりを修理して用ゐることぞ」ということである。破れた障子をすべて張り替えるのではなく、破れた箇所だけを修繕す

るのはどのような意義を持つのか。単純に考えても、すべて張り替えると紙が多く必要になるので、紙の倹約をしているということになる。

よって、解答は㊁の「倹約」になる。

問5（答 **相模守時頼**）

本文冒頭に「相模守時頼の母は」とあることから、直後の「子にて持たれける」の主体は禅尼であるとわかる。したがって、「天下を保つ程の人」は「**相模守時頼**」となる。

問6（答 ただ）

前文で筆者は禅尼のことを「女性なれども聖人の心に通へり」と評している。よって、空欄にも禅尼を称賛する語が入ると考えられる。現代語でも「ただものではない」という表現があることを思い出し、正解は「ただ」を入れるとよい。なお、「ただびと【直人・徒人】」とは「臣下／一般の貴族／一般の人・ただ者」などと訳す名詞である。

問7（答 ㋩ 何気ないことにおける、禅尼の教育的配慮に感心している）

本文の内容合致問題ではなく、筆者が禅尼に抱く思いを問われていることに注意する。筆者の意見が表れているところは、「いとありがたかりけり……人にはあらざりけるとぞ」である。よって、何が「ありがたかりけり」だと文中に書いてあるかが、解答の根拠となる。文中からわかる禅尼のした行動とは、自らが倹約の姿勢を見せることで、倹約の大切さを息子に悟らせようとしたということに尽きる。これをやや抽象的に言い換えたものを選ぶと、解答は㋩となる。

問8（答 ㊁ 太平記）

『徒然草』は鎌倉時代末期（一三三〇～一三三一頃）に成立した吉田兼好作の随筆。㋑～㋭の作品の概要は、巻末付録（➡124頁）を参照して覚えておくように。『徒然草』の成立に最も近い時代は㊁の『太平記』となる。

作品紹介

『徒然草』（兼好法師／鎌倉時代）

～無常を感じ生を楽しむ～

『徒然草』は、兼好法師による鎌倉時代末期の随筆集です。二四四段から成るその内容は、説話・見聞録・処世訓・自然観照文など多岐にわたります。

全編を貫く無常観について考えてみましょう。以下の文章を見てください。名セリフとして名高い九三段です。

人、死を憎まば生を愛すべし。存命の喜び、日々に楽しまざらんや。

【訳】人が、死を憎むのならば、生を愛すべきである。生きることの喜びを、日々楽しまないでいられるだろうか、いやいられないはずだ。

彼のいう無常観とは、現世を捨てさって来世を願うという本来の仏教思想とは異なっています。死を覚悟しながら現世を精一杯生きる楽しみを説いているのです。

三二段では、来客もないのに香を焚きしめたり、客人を意送った後にも、すぐに奥に入ってしまわず、妻戸を押し開けてそっと月を眺めている女性を登場させています。人の見ていないときの行いにより人の価値が決まるというのが彼の信条ですから、「このような優雅な振る舞いができるのは、この女性の日ごろのすばらしい心がけによるものだ」などと述べた褒めです。しかし、この話は、次のショッキングな言葉で締めくくられます。

その人、ほどなく失せにけりと聞き侍りし。

なんとその女性は亡くなってしまうのです。しかし、この死によって、彼女に憧れる気持ちがより強く表れていることに気づくことができます。生命を終わらせる存在も死であるけれど、命を輝かせるのも死である。そう考えると、死というものの見方が少し変わるのではないでしょうか。現世での享楽を好む傾向のある江戸時代に『徒然草』がベストセラーになったのは、このような理由があるのかもしれませんね。

歌論『俊頼髄脳』

語数	416語
得点	/50点
問題頁	P.30
古文音声	

❶ 読解のポイント

「天の河」は帝に見向きもされなくなった際の采女の歌。この歌に天の河に行ったという漢の時代の張騫《ちょうけん》のお話が引用されていることに注意してください。采女は自らの心情を何にたとえているのでしょうか。采女の話と張騫の話が交互に展開されているところと、帝と漢の武帝にのみ使用されている尊敬語にも注意しながら読解していきましょう。

〈あらすじ〉

病気のために実家へ下っていた采女が病が癒えた後、再びみかどのもとに出仕したところ、みかどは采女のことを忘れてしまい以前のように接してはくれなかった。絶望した采女はそのときのみかどの変貌ぶりはまるで張騫が天の河の水上に行ったときに見た別世界のようだと詠んだ。その歌を聞いたみかどは再び采女を寵愛するが、まもなくして崩御された。その後、采女はご陵に自ら進んで生き埋めになったのだった。

❷ 登場人物

A **采女**…天皇に奉仕した女官。帝の寵が衰えたことを嘆き、「天の河……」の歌を詠む。帝が崩御すると、自ら進んで、ご陵に生き埋めになる。

B **みかど**…天皇。采女の存在を忘れるが、采女の歌を聞いてもう一度愛するようになる。

C **漢武帝**…天文の者の話の登場人物。張騫に「天の河の源流を見てくるように」と命ずる。

D **張騫**…天文の者の話の登場人物。「天の河の源流を見てくるように」という漢の武帝の命を受け、天の河で織姫・彦星に会い、帰還し武帝に奏上する。

E **知らぬ翁**…天の河の住人である彦星。牛飼いをしている。張騫と応対した。

3 全文解釈

（重要語／助動詞／接続助詞／尊敬語／謙譲語／丁寧語）

天の河うき木にのれるわれなれや(1)ありしにもあらず世はなりにけり

（故事のように）天の河にいかだに乗って行ったのは私なのか。**以前とは**全く違った（帝との）関係になってしまったよ。

これは、昔、采女なりける人を、たぐひなくおぼしけり。例ならぬ事ありて、さとにいでたりける程に、忘れさせ給ひにけり。心地よろしくなりて(2)いつしかと、参りたりけるに、昔も似ず見えければ、うらめしと思ひてまかりいでて、たてまつりける歌なり。本文なり。漢武帝の時に、張騫といへる人を召して、「天の河の、みなかみ尋ねてまいれ」と、遣しければ、浮き木にのりて、河のみなかみ尋ねゆきければ、見も知らぬ所に、行きてみれば、(3)常に見る人にはあらぬさましたるものの、機をあまたたてて、布を織りけり。また、(a)知らぬ翁

これは、（Bが）昔、采女であった人を、（帝が）類のないほど寵愛なさった。（Aが）**病気であること**があって、実家に戻っていたときに、（BはAのことを）お忘れになってしまった。（Aが）体調が良くなって**早く**と、参内したのに、（Bの御様子が）以前とは異なって見えたので、（Aは）恨めしいことだと思って、退出して、（Bに）差し上げた歌である。（以下が）典拠である。漢の武帝の時代に、（Cが）張騫といった人物をお呼びになって、「天の河の、**水源**を訪ねて参れ」と、おやりになったので、（Dは）いかだに乗って、河の水源を尋ねたところ、見たこともない所に、行ったので、いつも見る人とは異なる様子をしていた者が、機織りをする道具を**たくさん**立てて、布を織っていた。また、見知らぬ翁が

単語・文法・解説

□ありし～【在りし】連体
①以前の～ ②生前の～

□例ならず【例ならず】連語
①いつもとは違っている
②からだの調子が悪い・病気である

□いつしか【何時しか】副
①早く〈↔願望・意志〉
②いつのまにか・早くも
③早すぎる

□みなかみ【水上】名
①上流・川上・水源
②事物の源

□あまた【数多】副
①たいして〈↔打消〉
②たくさん

7

ありて、牛をひかへて、立てり。「これは、天の河といふ所なり。この人々は、

いて、牛を傍らに控えて、立っていた。（Eは）「ここは、天の河というところであり、ここの人々は、

たなばたひこぼしといへる人々なり。さては、我は、いかなる人ぞ」と、問ひけれ

織姫、彦星という人々である。さて、あなたは、どのような人か」と、尋ねた

ば、「みづからは、張騫といへる人なり。宣旨ありて、河のみなかみ、尋ねてき

ので、（Dは）「私は、張騫と名乗る人物である。帝の御命令があって、河の水源を、訪ねに来

たる(b)なり」と、答ふれば、「これこそ、河のみなかみよ」といひて、「今は帰り

たのだ」と、答えると、（Eは）「この場所こそが、河の水源だよ」と言って、「もう帰りなさ

(c)ね」といひければ、帰りに(d)けり。さて、参りたりければ、「尋ね得たりや」と、

い」と言ったので、（Dは）帰った。そうして、参ったところ、（Cが）「訪ねることができたか」と、

問はせ給ひければ、「尋ねたりつれば、たなばたひこぼしなど、牛をひかへ、た

お尋ねになったので、（DはCに）「訪ねてきたところ、織姫彦星などが、牛を傍らに控えて、織

なばたは機を織りて、『これなむ、河のみなもと』、と申しつれば、それより

姫は機織りをして、『（そこにいた翁が）ここが天の河の水源である』、と申したので、そこから

帰り参りたる」と、奏しける。所のさまの、ありしにもあらず、変りたりけれ

帰って参りました」と、（帝に）申し上げた。（冒頭の歌は）帝の様子が、以前とは異なって、変わってしまった

ば、Aそのよしを聞きて、かく詠めるなり。この歌を、(4)Bみかど御覧じて、

ので、その張騫の故事を耳にして、（Aが）このように詠んだ歌である。この采女の歌を、帝がご覧になって、

□ひかふ【控ふ】動ハ下二
①とどまり待っている・待機する
②そばにいる・傍らに控える

□*せんじ【宣旨】名
①天皇の命令（勅旨）

（あはれとやおぼしけむ）、もとのやうに、かた時もたちさらず思召しけり。その

哀れとお思いになったのだろうか、以前のように、（Aを）片時も離さないようにお思いになった。その

後、いくばくも経ずして、うせ給ひにけり。塚のうちに、をさめたてまつりける

後、それほど経たずして、（Bは）お亡くなりになった。御陵の中に、（帝の遺体を）おさめ申し上げた

時に、この采女、生きながらこもりにけり。その御陵を、いけごめの御陵とて、

際に、この采女は、生きたまま籠もった。そのご陵を、生き埋めのご陵と呼ばれ、

薬師寺の西に、いくばくものかであり。まことにや、張騫帰り参らざるさき

薬師寺の西から、近くの場所にある。本当のことであろうか、張騫が帰り参らない

に、天文の者の参りて、七月七日に、「今日、天の河のほとりに、知らぬ星いで

のに、吉凶を占う者が参って、七月七日に、「本日、天の河の辺に、見知らぬ星が出てき

きたり」と奏しければ、あやしびおぼしけるに、この事を聞こし召してこそ、

ました」と（Cに）申し上げたところ、（Cは）不審にお思いになっていたが、この（吉凶を占う者の）言葉をお聞きになって、

『まことに尋ねいきたりける』と、おぼしめしけり。

（Dは）本当に訪ねに行ったのだと、お思いになった。

□いくばく【幾許】副
①どれほど ②それほど・いくらも

□うす【失す】動サ下二
①死ぬ ②無くなる

7

❹ 解答・解説

問1 (答) (1)① 前とは全く違った関係になってしまったよ (2)③ 心待ちにして早く、参内したのに (3)③ いつも見る人とは異なる様子をしている者が (4)④ 帝がご覧になって、哀れとお思いになったのだろうか)

傍線部(1)は次のように単語分けされる。

ありし	に	も	あら	ず	世	は	なり	に	けり
連体	断定[用]	係助《強意》	ラ変[未]	打消[用]	名	係助	四[用]	完了[用]	詠嘆[終]

冒頭の歌の一部分についての解釈問題。次の行に直近の事柄を指す「これは」とあることに注意すると、「これは、昔……たてまつりける歌なり」までが、冒頭の歌についての説明だと考えられる。よって、歌の中の「ありしにもあらず」をやや具体的に言い替えているのが、3行目の「昔も似ず見えければ」だとわかる。

何を正解とするかは、「世」をどう解釈するかで決まる。「世」は「前世／現世／来世」のそれぞれを表すこともあれば、「世の中／夫婦の仲／男女の仲」などの意味もある。「これは、昔……たてまつりける歌なり」の部分を読んでいくと、確かな登場人物として上がっているのは、その部分では「采女」だけであるが、本文の注によると、采女とは「天皇に奉仕した後宮の女官」とあるので、采女を寵愛し、また忘れてしまった主体は天皇であるとわかる。天皇と采女との関係が「ありしにもあらず」と詠まれていることになるので、「世」は「男女の仲」の意味でとるとよい。男女の関係と訳してあるのは①と④だけであり、④の「生前」が内容とは異なる。

よって、正解は①である。

傍線部(2)は次のように単語分けされる。

いつしか	と、	参り	たり	ける	に
副	格助	四[用]	完了[用]	過去[体]	接助《逆接》

「いつしか」は、「いつか／いつの間にか／早く」と訳す副詞。采女の病が癒えたのであれば、一刻も早く寵愛されていた帝に逢いたいと思うのが自然である。よって、正解は③か④に絞られる。③と④では、「参り／たり／ける／に」の解釈に注意する。④の「したかったのに」のような願望の解釈はおかしいため、正解は③。

傍線部(3)は次のように単語分けされる。

常に(副)／見る(上一[体])／人(名)／に(断定[用])／は(係助)／あら(ラ変[未])／ぬ(打消[体])／さま(名)／し(サ変[用])／たる(存続[体])／もの(名)／の(格助《主格》)

傍線部(3)の後に「機をあまたたてて、布を織りけり。」の文が続いていることに注意する。その文への言葉のつながりから、「あらぬさましたるものの」の「の」は「〜が」と訳す格助詞「の」の主格用法であることがわかり、ここから②と④を外すこと。①と③では「あらぬさま」の解釈に注目する。①の「見る人とは限らない」は「あらぬさま」の解釈としておかしいため、正解は③。

傍線部(4)は次のように単語分けされる。

みかど(名)／御覧じ(サ変[用])／て(接助)、あはれ(感動)／と(格助)／や(係助)／おぼし(四[用])／けむ(過推[体])

まず「や」が「…だろうか」と訳す疑問の意味の係助詞であることから①を外す。接続助詞「て」は単純接続「…て」の意味であるので、「…たら」のように仮定の意味である②もおかしい。そして「けむ」は「…だったのだろうか」の意味の過去の原因推量の助動詞「けむ」であるから、現在形で解釈されている③も異なるため、残るのは④となる。文法の知識を駆使して解くとよい。

また、傍線部に続いて「もとのやうに、片時もたちさらず思召しけり。」という文が続くことをヒントにすること。

以上より、正解は④。

問2（答 ④ (a)打消　(b)断定　(c)完了　(d)完了）

波線部の助動詞の文法的意味を問う問題。波線部(a)〜(d)の「ぬ」「なり」「ね」「に」は、すべて頻出する識別のポイントである（☞118頁）。波線部がどのような活用形に接続しているのかを確認し、文脈をも加味して丁寧に解答を導いてほしい。

(a)…「ぬ」は「知ら」という動詞「知る」の未然形に接続し、「翁」という体言が続いているので、**打消**の助動詞「ず」の連体形になる。

(b)…「なり」は「たる」という完了の助動詞「たり」の連体形に接続し、見知らぬ翁の「お前は何をしに来た人か」という問いかけに張騫が「天の河の水源を見に来たのだ」のように答えているところから**断定**の助動詞「なり」の終止形であると考えること。

(c)…動詞「帰る」の連用形に接続し、翁が「ここからもう帰りなさい」と命じていることから判断して、**完了**の助動詞「ぬ」の命令形であると判断すること。

(d)…四段活用動詞「帰る」の連用形「帰り」に接続し、過去の助動詞「けり」が続いていることから、**完了**の助動詞「ぬ」の連用形であるとする。

以上、接続から助動詞の意味を判断すると、正解は④となる。

問3（答② 奏し）

空欄の敬語を問う問題であるが、選択肢を見ると①・②が謙譲語、③・④が尊敬語であることに注意する。尊敬語か謙譲語かを判断するには、主語を見極める必要がある。

空欄**X**の前の行に「問わせ給ひければ」とあり、その返答が「尋ねたりつれば……帰り参りたる」である。そのため、空欄**X**には「そのように申し上げた」という内容が入るはずであり、話す相手は漢武帝であることから謙譲語が使われるはずである。よって、③・④を外すことができる。

空欄**Y**の文脈も見ていくと、空欄の後に「ければ」とあり、「已然形＋ば」の原因・理由を表す順接の確定条件の用法が使われている。空欄**Y**の結果、「あやしびおぼしける」ことになったのである。「おぼす」は「思ふ」の尊敬語であり、尊敬語が使われるような文中人物は漢武帝ということになる。よって、動作の受け手は漢武帝で動作主は前文の「天文の者」となるので、こちらもやはり謙譲語が使われないとおかしい。

残る①と②は意味としては同じであるので、動作の受け手によって、言い方が異なることを知っているかが問われる。天皇に対して「申し上げる」と使うのは**絶対敬語**とよばれる「奏す」であることを覚えておこう。よって、正解は②。

なお、他の選択肢の敬語は巻末付録（☞122頁）を参照して確認しておくこと。

問4（答）④ 張騫が武帝の命により派遣された天の河の上流は見知らない世界で、張騫のいた世界とはまるで違っていたという故事。）

問題文冒頭の歌は「そのよし」を聞いて、詠まれた歌であるのであるから、「そのよし」の内容とは、歌の内容と重なっていなければならない。よって、采女が詠んだ歌の意味と重なるような選択肢を選ばなければならない。以前と

は全く違う様子になっていたという内容が表現されているのは④のみ。絶望した采女はそのときの帝の変貌ぶりを、まるで張騫が天の河の水上に行ったときに見た別世界のようだと詠んだのである。

問5（答）① 天の河のそばに出現した未知の星は、そこを訪ねた張騫本人であった。）

傍線部の「訪ねいき」と「おぼしめし」の主体を明確にすること。傍線部を単語分けすると以下のようになる。

まことに［副］／訪ね［下二［用］］／いき［四［用］］／たり［完了［用］］／ける［過去［体］］／と［格助］、／おぼしめし［四［用］］／けり［過去［終］］

傍線部の訳としては、「本当に訪ねに行ったのだ、とお思いになった」となる。訪ねた主体は、文脈から張騫であるとわかる。また、設問文自体に「武帝は」とあるので、「おぼしめしけり」の主は武帝である。そして、どこに行ったのかという目的語である「天の河」を補うと、「帝は、張騫は本当に天の河を訪ねに行ったのだ、とお思いになった」となる。そのことが、天文の者の報告によって理解されたというのであるから、②・③・④では話の流れとして

おかしい。天の河に行った張騫は地上から見ると見知らぬ星が空に出現したように見えたのであろう。
以上より、正解は①。

問6（答 ③ **采女は帝に忘れられて宮中を退出したが歌をきっかけにもとのように寵愛された。**）

本文の内容合致問題である。誤りの選択肢であっても、一文全体が誤っているわけではない。誤りの箇所が含まれていないかを慎重に見ていく必要がある。
以下のように正誤を判断すること。

①＝×…采女の里帰り中に帝が崩御したというのは内容的に誤っている。
②＝×…張騫は天文の者に天の河に報告したというのも内容的には誤り。
③＝○…女の詠んだ歌に帝が感動し、寵愛が戻ったというのは本文の内容と一致する。
④＝×…張騫は浮き木に乗ったが、采女は乗っていないのでおかしい。

よって、正解は③となる。

問7（答 ② **後撰和歌集**）

平安時代や鎌倉時代に成立した作品は巻末付録（☞124頁）を参照し覚えておくこと。正解は②。

①＝×…鎌倉幕府第三代将軍、源実朝の家集。鎌倉時代初期に成立。
②＝○…平安中期に成立した勅撰和歌集。八代集の二番目。村上天皇の命で清原元輔ら撰集。
③＝×…鎌倉初期に成立した勅撰和歌集。八代集の八番目。後鳥羽院の命で藤原定家らが撰集。
④＝×…奈良時代に成立した私撰集。大伴家持ら撰集。現存最古の和歌集。

作品紹介

『俊頼髄脳』（源俊頼／平安時代）

～天の川雑感～

『俊頼髄脳』とは、平安後期の歌壇の権威者であった源俊頼の歌論書です。俊頼は八代集の五番目にあたる『金葉和歌集』の撰者。今回は天の河に行ったという張騫《ちょうけん》のお話がありましたので、天の河伝説について語ってみたいと思います。

織姫と彦星は夫婦でした。愛し合ってばかりいて牛飼いの彦星は牛の世話をせず、織姫は機《はた》を織らなくなってしまいます。牛はふらふら、天空の人々の衣服はぼろぼろ。怒り心頭に発した天帝が二人を天の河の両岸に引き離し、二人が真面目に働くのなら一年に一度七夕の日に逢うことを許したのでした。七月七日になると天帝の命を受けた多くの鵲《かささぎ》が白い羽を並べて橋を作ります。二人は鵲の羽に乗り、年に一度再会することができるという――。

私が昔、飛騨山脈南部にある槍《やり》ヶ《が》岳《たけ》山荘付近に泊まった秋の夜のこと。テントの外には空全体にびっしりと宝石を敷き詰めたような、あふれんばかりの星空が広がっていました。時折、星がスーッと流れていきます。天の河はまさしくミルキー・ウェイという感じ。このとき、星雲に鵲が集まって橋を作り、二人が再会するというお話を自然にイメージすることができたのです。現在はどこに行っても照明があり、なかなかこのような景色を見ることはできません。古文をイメージしようとする際、古代の人が見ていた景色と同じものを見ることができないのは本当に残念に思います。

二人を両岸に隔てる川は、男女の別れをたとえることもあります。では次の歌はどうでしょうか。

泣く涙　雨と降らなむ　渡り川
水まさりなば　帰り来るがに

（古今和歌集・哀傷）

【訳】泣く涙が雨となって降ってほしい。水が増して三途の川が渡れなくなったら愛しいあなたが帰ってくるのに。

両岸にいるのが生ける者と死せる者である場合、その川は冥途に横たわると言う三途の川になります。向こう岸を表す「彼岸《ひがん》」は、あの世を表す言葉でもあるのですよ。

第8回

解説 EXPLANATION

歌論『無名抄』

❶ 読解のポイント

筆者の鴨長明は、静縁法師の詠んだ「鹿の音を」の歌についてたいした評価を与えませんでした。評価をしなかったのにはどのような理由があるのかを考えながら読解をしましょう。「泣かれぬる」という表現のどこに問題があるのか。「こけ歌」とはどのような表現の歌を指しているのか。文学理念である「幽玄《ゆうげん》」についても考えて理解を深めてみましょう。

〈あらすじ〉
歌人仲間の静縁法師が自作の「鹿の音を」の歌の批評をしてくれと言う。その中で露骨に心情を表現しすぎている箇所を指摘すると、彼は立腹しながら帰っていく。余計なことを言って怒らせてしまったなと思う折、「師匠の大夫公もあなたと同様のことを指摘なさった。よくぞ批判してくれた。」と静縁法師は告げるのだった。このような潔い心を持っている人はめったにいないように思われた。

❷ 登場人物

私 **筆者・予**…歌論『無名抄』の筆者。Aの歌を素直に評した結果、Aから恨まれ、「言いすぎたか」と反省する。後にAに「よくぞ言ってくれた」と謝られ、Aの潔さに感動する。

A **静縁法師**…「鹿の音を」の歌の出来栄えを筆者に尋ねたところ、思ったような評価をされなかったので立腹したが、師匠の大夫公に諭されると素直に反省し、謝罪をしに筆者のところにやってくる。

B **大夫公**…筆者およびAの共通の師匠。「鹿の音を」の歌を「こけ歌」と批判する。

語数
240語
得点
/50点
問題頁
P.36
古文音声

❸全文解釈

（■重要語／■助動詞／■接続助詞／■尊敬語／■謙譲語／■丁寧語）

A 静縁法師、自らが歌を語りていはく、

静縁法師が、自作の歌を（私に）語って言うことには、

「鹿の音を聞くにわれさへ❶（添加）(1)泣かれぬる谷の庵は住み憂かりけり

「鹿の音を耳にすると私までもが自然に泣けてしまった。谷間の（我が）庵は住みづらいものだなあ。

とこそつかうまつりて侍れ。(2)これ、いかが侍る。」といふ。私 予いはく、

と（私は）詠み申し上げてみました。この歌（の出来）は、どうでしょうか。」と言う。私が（Aに）言ったことには、

「よろしく侍り。ただし、『泣かれぬる』といふ詞こそ、あまりこけ過ぎて、

「まずまず（の出来）です。ただし、（腰の句の）『泣けてしまった』という言葉が、あまりに考えが浅すぎて、

(3)いかにぞや聞え侍れ。」といふを、A 静縁いはく、

どうも難点があると思われます。」と言うのを（聞いて）、静縁が言うことには、

「その詞をこそこの歌の詮とは思う給ふるに、この難は、ことの外に覚え

「その言葉こそこの歌の大事なところだと（私は）思っておりますのに、この非難は、意外に思われ

侍り。」とて、「いみじうわろく難ず」と思ひ気にて去りぬ。「よしなく覚ゆるまま

ます。」と言って、「非常に不適当に非難するものだ」と思った感じで去ってしまった。「つまらないと思われるので

に物をいひて、(4)心すべかりける事を」と、悔しく思ふほどに、十日ばかり

（率直に）ものを言って、注意するべきであったものを」と（私は）残念に思っているうちに、（Aが）十日ほど

単語・文法・解説

□うし【憂し】形ク ★★★
①つらい ②嫌だ ③冷たい

□よろし【宜し】形シク ★★★
①まずまずだ
②ふさわしい

□こけ【虚仮】名・形動
①実体のないこと
②考えが浅いさま
③嘘・偽り

□せん【詮】名
①なすべき方法
②つまるところ・結局
③大事なところ

□よしなし【由無し】形ク ★★★
①つまらない
②風情がない

□こころす【心す】動サ変
①気をつける・用心する・注意する

❶…副助詞「さへ」は、「…までも」という添加の意味に訳す副助詞である。

8

ありて、また来りていふやう、

経って、(Aが) 再び (私の所に) 来て言うことには、

「一日の歌難じ給ひしを、かくれごとなし、心得ず思う給へて、いぶかしく

「(あなた様が) 先日の歌を非難なさったのを、正直なところ、(私は) 納得できないように思いまして、不審に

覚え侍りしままに、さはいへども**大夫公**のもとに行きてこそ、(5) わが僻事

思っていましたので、そうは言っても (師匠の) 大夫公の所に行って、私が**間違った**こと

を思ふか、人のあしく難じ給ふか、ことをば切らめと思ひて、行きて語り

を思っているのか、あなたがまずく非難なさったのか、決着をつけようと思って、(大夫公の所へ) 行って語り

侍りしかば、『何でふ御房のかかるこけ歌よまんぞとよ。〝泣かれぬる〟とは

ましたところ、(Bは)『どうしてあなたがこのような**浅はかな歌**を詠んだのかと思うよ。〝泣けてしまった〟とは

何事ぞ。まさなの心根や』となんはしたなめられて侍りし。されば、よく難じ

どうしたことだ。**良くない**考え方だよ』と**たしなめ**になりました。なので、よく (私を) 非難し

給ひけり。われあしく心得たりけるぞと、おこたり申しにまうでたるなり。」

なさった。私がまずく考えていたことよと、**謝罪**を申し上げに参ったのです。」

といひて、帰り侍りにき。(6) 心の清さこそありがたく侍れ。

と言って、帰りました。(静縁の) 潔さは **(めったにないほど) すばらしい**ものです。

□**ひがこと**【僻事】名 ★★★
①間違い ②悪事

□こけ歌【苔歌】名
①浅はかな歌

□**まさなし**【正無し】形ク ★★
①不都合だ・良くない
②意外だ

□はしたなむ【端なむ】動マ下二
①みじめな思いをさせる
②たしなめる

□おこたり【怠り】名
①謝罪 ②不運
③ご無沙汰 ④失敗

□**ありがたし**【有難し】形ク ★★★
①めったにない
②(めったにないほど)すばらしい

❹解答・解説

問1（答 **自然と泣けてしまったことよ**）

傍線部(1)は以下のように単語分けされる。

泣か〔四[未]〕／れ〔自発[用]〕／ぬる〔完了[体]〕

「れ」が「自然に～される」と訳す自発の助動詞、「ぬる」が完了の助動詞「ぬ」の連体形であることに注意して「**自然と泣けてしまったことよ**」のように解釈すること。鹿の切ない声を聞くと、鹿だけでなく、この自分までもが自然と泣けてしまったというのが上の句の意味となる。

問2（答 **(3)イ　どうも難点があると思われます　(4)ア　十分注意すべきであったものを　(5)エ　私がまちがったことを思っているのか**）

傍線部の意味を問う問題。傍線部自体の訳として誤りがないかという点と、文脈から考えて不自然でないかという2点に留意して、答えを導き出すとよい。

傍線部(3)は以下のように単語分けされる。

いかに〔副〕／ぞ〔係助〕／や〔係助〕／聞え〔下二[用]〕／侍れ〔ラ変[已]〈補〉〕

傍線部(3)が静縁の歌に関する長明の批判であるということを押さえる。ウとエは批判とは言えないので正解から除外する。「泣かれぬる」という箇所を欠点として指摘しており、傍線部(3)の後ろの静縁がこの指摘を「この難は」としていることから考えること。正解はイ。

傍線部(4)は以下のように単語分けされる。

心す〔サ変[終]〕／べかり〔当然[用]〕／ける〔過去[体]〕／事〔名〕／を〔格助〕

「泣かれぬる」という表現について長明が指摘した後、静縁は、そこまで非難されるとは思っていなかったようで、「この難はことの外に覚え侍り」と言い放っている。(4)は、その言葉を聞き「ちょっと言い過ぎたかな。もう少し言い方を考慮すべきだったかな」という長明の述懐である。「心す」とは「気をつける・用心する・注意する」と訳すサ行変格活用動詞「心す」の終止形。正解はア。

傍線部(5)は以下のように単語分けされる。

わ〔代〕／が〔格助〈主格〉〕／僻事〔名〕／を〔格助〕／思ふ〔四[体]〕／か〔係助〕

傍線部(5)の「が」は「思ふか」を修飾しているので、「～が」と訳す格助詞「が」の主格用法と判断することができる。

直後の「人のあしく難じ給ふか」の「の」も同じく格助詞「の」の主格用法。「自分（静縁）が悪いのか、それとも長明が悪いのか」のような構成になっている。㋐と㋒は「が」が「〜の」のように連体修飾用法になっているので不適当。「ひがごと【僻事】」は「間違い」と訳す名詞なので、正解は㋓。

問3（答 ㋓ **自分では秀作だと思っているので、長明も必ず良い作品だと言うはずだと思っている**）

静縁が「鹿の音を」の歌の出来を長明に相談した後、長明は「泣かれぬる」という表現の浅はかさを指摘した。この指摘に対して静縁は憤慨し、わざわざ長明の師の大夫公にまで意見を求めている。この行動から、静縁は自作の歌に並々ならぬ自信を持っており、長明に同意を求めてきたと判断することができる。よって、正解は㋓。

問4（答 ただし、『泣かれぬる』といふ詞こそ、あまりこけ過ぎて、いかにぞや聞え侍れ）

「この難」とは「鹿の音を」の歌についての長明の批判のことを指す。よって、前文の長明の会話文「ただし『泣かれぬる』、……いかにぞや聞こえ侍れ」を抜き出すことになる。

問5（答 **自分の間違いに気づくやいなや、素直に侘びを言いに来た点。**）

「ありがたく」は「めったにない／（めったにないほど）すばらしい」と訳す形容詞「ありがたし【有難し】」の連用形。「心」とは静縁の「性格」のことを指しており、「清さ」とは「清らかな様子」を指す名詞であるが、この話の場合は静縁の潔さを示している。長明の非難を聞いたとき、一時的に憤慨した静縁だったが、大夫公からもたしなめられ、自分の誤りに気付くやいなや、すぐに謝罪している。長明は静縁のような潔い心を持った人はなかなかいないと感心しているのである。以上のような内容を含め、「どういう点か」を表すために文末を「〜点。」のようにして解答する。

問6（答 ④**発心集** ⑦**方丈記**）

鴨長明の作品は非常に出題されやすい。主な著作は、随筆「方丈記」、歌論書「無名抄」、説話「発心集」である。よって、正解は④と⑦。他の選択肢の作品については巻末付録（→126頁）の重要文学史一覧を参照しておくこと。

作品紹介

『無名抄』（鴨長明／鎌倉時代）

～幽玄とは何ぞや～

鎌倉初期の歌論書『無名抄』は随筆『方丈記』の筆者として有名な鴨長明の作品です。『無名抄』には歌人に関する逸話や詠歌の心得などが述べられています。特に「幽玄《ゆうげん》」については重要な扱いをしています。「幽玄」というのを完全に理解するのは難しいですが、和歌の良し悪しを決定づける大切な表現方法ですので、ここで少し触れておきます。

では以下の**A**・**B**の歌の下の句（「五七五七七」の「七七」の箇所）の違いを考えてみてください。

A　一人寂しき　冬の山里

B　この山里に　雪は降りつつ

Aには「寂しき」という感情をストレートに表現している箇所が見られますね。**B**にはそれが見られません。長明の時代は特に**B**のような「山里・雪」のような外観の描写（景気）だけで心情が滲みでている歌を高く評価しました。このような表現技法を「幽玄」と呼び、重要視していたのです。

そして**A**のような表現をしていると判断された歌を「こけ歌（浅はかな歌）」として否定していました。今回の静縁法師の歌の「泣かれぬる」が批難の的になっているのも、このように直接的な表現が好まれていなかったことが原因になっているのです。

そういえば、中学校のときにお世話になった今は亡きS先生が「悲しいと言わずに悲しさを表した作品が一流なんだよ」と繰り返していらっしゃったことを思い出しました。

第9回 解説 EXPLANATION

随筆『玉勝間』

語数
298語
得点
/50点
問題頁
P.40
古文音声

❶ 読解のポイント

筆者の本居宣長は『徒然草』に見られる兼好法師の「花は盛りに、月はくまなきをのみ見る物かは」という見方に異議をとなえています。また、宣長が兼好法師の在り方を「つくり風流」と言い放った理由はどこにあるのでしょうか。宣長が思い描く「まことの情」を意味するものは一体何なのかを考察しながら読解していきましょう。前回学習した「幽玄」という趣向と比べるとより深く学ぶことができます。

〈あらすじ〉

吉田兼好が『徒然草』に「花は満開を月は満月ばかりを見るものだろうか」と書いているのはいかがなものであろうか。確かに歌には満開や満月が見られないで残念なことをしたという内容のものが多いが、それは満開や満月を見たいという気持ちの現れに他ならない。そんな残念な心情自体を本当の風流であると言ってひたすら賞賛するのは、人の真の気持ちとは異なる利口ぶった人間の見せかけの心情であると思われる。

❷ 登場人物

A 兼好法師 …満開の桜や満月ばかりを見るものではなく、そうはいかない嘆きを詠んだものが最も心深いのだという主張をしている。

B 本居宣長 …筆者。兼好法師の言葉は人の真の心とは異なったことで本当の風流心ではないという主張をしている。

3 全文解釈

（重要語／助動詞／接続助詞／尊敬語／謙譲語／丁寧語）

A 兼好法師が詞の(1)あげつらひ

兼好法師の言葉の是非を言う

A 兼好法師が徒然草に、(2)花は盛りに、月はくまなきをのみ見る物かは❶《反語》とか

兼好法師の『徒然草』に、花は満開を、月は**かげりがない**ものばかりを見るものか（いやそうではない）とか

いへるは、いかにぞや。❷ 古の歌どもに、(3)花は盛りなる、月はくまなきを見

言っているのは、いかがなものか。古の様々な歌などに、花は満開のもの、月はかげりがないものを見

たるよりも、花のもとには、風をかこち、月の夜は、雲をいとひ、あるは

たものよりも、桜の花のもとでは、風に（花が散るので）**愚痴を言い**、月の夜は、雲を嫌い、あるいは

(4)待ち惜しむ心づくしを詠めるぞ多くて、心深きも、ことにさる歌に多かる

花や月を待ち望んだり惜しんだり**様々に気をもむ**思いを詠んだものが多くて、趣深いものも、特にそのような歌に多いの

は、みな花は盛りをのどかに見❸(5)まほしく、(6)月はくまなからむことを思ふ心

は、すべて花は満開をのんびりと見たく、月はかげりがないようなことを望む気持ち

《主格》のせちなるからこそ、さもえあらぬを嘆きたる(7)なれ。いづこの歌に

が**はなはだしい**からこそ、そういうわけにもいかないことを嘆いているのである。どこの歌に、

かは《反語》、花に風を待ち、月に雲を願ひたるは有らん。さるをかの A 法師が《主格》いへ

花に風が吹くのを待ち、月が雲に陰るのを望んでいるものがあろうか。それなのにかの法師が言っ

単語・文法・解説

□★★★ **くまなし【隈無し】** 形ク
①かげりがない
②行き届いている

□★★ **かこつ【託つ】** 動タ四
①～のせいにする
②愚痴を言う・嘆く

□★★ **こころづくし【心尽くし】** 名
①様々に気をもむこと

□★★ **せちなり【切なり】** 形動ナリ
①すばらしい
②はなはだしい・ひたむきだ
③大切だ

❶…係助詞「やは・かは・やも」は、文末を連体形にする係助詞。ほとんど反語（…だろうか、…ではない）で訳す。

❷…ここでの「や」は疑問の係助詞であるが、後に「…だろうか」と訳す「あらむ」などのような言葉が省略されている。このようなものを**結びの省略**と呼ぶ。

❸…「まほし」は未然形に接続する希望の助動詞。

るごとくなるは、人の心にさかひたる、後の世のさかしら心の、つくり風流

たような言葉は、人の本心に逆らった、後世の人の利口ぶった、見せかけの風流

にして、まことのみやび心には有らず。かの法師がいへる言ども、このた

であって、真実の風流心ではない。かの兼好法師が言った言葉は、この類

ぐひ多し。皆同じ事なり。すべてなべての人の願ふ心にたがへるを雅と

が多い。万事このような感じである。おおよそ普通の人の願う心と異なっているのを風流と

するは、つくりごとぞ多かりける。恋に、あへるをよろこぶ歌は、心深からで、

するのは、わざわざ作り出したことが多いのである。（恋の歌に）恋人と逢ったことを喜ぶ歌は、情趣が深くなくて、

あはぬをなげく歌のみ多くして、心深きも、逢ひ見むことを願ふからなり。

（恋人に）逢えないのを嘆く歌ばかりが多くて、情趣が深いのも、逢い見るようなことを願うからである。

人の心は、うれしき事は、さしも深くはおぼえぬものにて、ただ心にかなは

人の心とは、嬉しいことは、それほど深くは思われないものであって、ひたすら思い通りにならな

ぬことぞ、深く身にしみておぼゆるわざなれば、すべてうれしきを詠める歌

いことを、深く身に染みて思われるものであるので、総じていえば嬉しい気持ちを詠んだ歌

には、心深きはすくなくて、心にかなはぬすぢを、悲しみ憂へたるに、

には、風情の深いものは少なくて、思い通りにならないことを、悲しんだり憂いたりするものに、

あはれなるは多きぞかし。然りとて、わびしく悲しきを、みやびたりとて願は

しみじみと趣深いものが多いのであるよ。**だからといって**、つらく悲しい気持ちを、**上品で優雅である**といって願う

□さかしら【賢しら】名
①利口ぶること
②おせっかい

□みやび【雅】名
①風雅・風流

★★□なべて【並べて】副
①並・普通
②すべて

□さしも副
①あんなにも・それほど
②それほどには・そのようには

★□さりとて【然りとて】接
①だからといって

★□みやぶ【雅ぶ】動バ上二
①上品で優雅である

む《婉曲[体]》は《係助》、(9)人の《格助》まことの《格助》情なら《断定[未]》め《推量[已]》《反語》や《係助》。
ようなことは、（それは）人の本当の心情であろうか（いや、そうではないのではないか）。

9

❹ 解答・解説

問1（答 **(1)ハ 是非を言う　(8)ロ 利口ぶった見せかけの風流**）

(1)は、本文全体の流れから見て、『徒然草』の「花は盛りに、月はくまなきをのみ見る物かは」という言葉についての是非をあれこれと論じている箇所だと判断すること。「あげつらひ」とは「物事の是非をあれこれと言い立てる」の意味の動詞「あげつらふ【論ふ】」の連用形が名詞化したもの。よって、正解はハ。

傍線部(8)については前文の「人の心にさかひたる」という言葉に注意する。「さかひ」とは「逆らう／はむかう」の意味の動詞「さかふ【逆ふ】」の連用形。傍線部(8)の「さかしら【賢しら】」とは「利口ぶった（人）／おせっかい」などの意味を持つ名詞。「つくり風流」とは「本当の風流心ではなくて、人が勝手に想像した見せかけだけの風流心」という意味。以上のことから、正解はロ。

問2（答 **イ 花盛りや満月を賞でるのは、平凡でみやびとするには不十分である。**）

傍線部(2)は以下のように単語分けされる。

花（名）／は（係助）／盛り（名）／に（格助）、／月（名）／は（係助）／くまなき（ク〔体〕）／を（格助）／のみ（副助）／見る（上一〔体〕）／物（名）／かは（係助）《反語》

傍線部末の「かは」が反語であることに留意する。兼好法師は「花盛りや満月だけを見るものではない」と言っているのである。「花盛り」や「満月」について否定的なのはイとニであるが、ニの「風や雲を恐れることにこそ真実味がある」は本文の内容とは異なる。よって正解はイ。

問3（答 **(3)ニ 花散らす風のやどりはたれか知るわれに教へよゆきて怨みむ　(6)ロ 散る紅葉夜もみよとや月影の梢《こずゑ》残らず照りわたるらむ**）

「歌境」とは「歌を詠む時の心情」といったようなもの。よって、傍線部の心情を読み解き、同じような心情で詠まれたと思われる和歌を選択肢から選ぶこととなる。

傍線部(3)の「かこち」は「嘆く／他のせいにする」の意味の動詞「かこつ【託つ】」の連用形。よって、傍線部(3)は花の盛りが見られなかったことに文句を言っている内容の歌が該当する。

イ＝風を待って散る山桜より空しいものはこの世である。

㋺＝花は見えないなら、風よ香りだけでも届けてほしい。

㋩＝鶯が鳴いたとしても梅の花が散ってしまってはつまらない。

㊁＝花を散らす風に文句を言えるなら言ってみたい。

以上のことから、正解は㊁。㋑は無常観を表した歌である。

傍線部(6)の「くまなから」は、「陰りがない」と訳す形容詞「くまなし【隈無し】」の未然形。陰りのない皓々《こうこう》と照る月を讃美している歌を選択すること。

㋑＝春霞の夕暮れ、十六夜の月を木の間から眺めたい。

㋺＝月光が散る紅葉を見よとばかりに一面に照り輝いている。

㋩＝冷たい月の光がうつるせいで水面が凍ってしまっているではないか。

㊁＝かささぎが峰を鳴いて通り過ぎていくと夏の夜の月が西の空に沈んでしまったよ。

よって、正解は㋺。

問4（答 花・月）

「待ち惜しむ」（訳：待ち望んだり惜しんだり）の目的語を問う問題であり、この目的語となるものは安定的な存在ではないことがわかる。また2行目の記述から、「花の盛り」「月のくまなき」の状態を待っているということも確認できる。そのため、惜しんでいるものは何かと考えると傍線部前文がヒントとなる。

前文は以下のように単語分けされる。

花	の	もと	に	は、	風	を	かこち、
名	格助	名	格助	係助	名	格助	四[用]

月	の	夜	は、	雲	を	いとひ
名	格助	名	係助	名	格助	四[用]

9

前文「花のもとには、風（が花を散らすのを）をかこち、月の夜は、雲（が月を隠すの）をいとひ、」の理解がポイント。「風」と「雲」の直後に言葉をつけ足すと、後文との関係が明確になり、「風で花が散ること」「月が雲で隠れること」を惜しんでいると本文から推測できる。正解は「花・月」。

問5（答 **(5)㋭ 願望・連用形　(7)㋩ 断定・已然形**）

(5)「まほしく」は「〜したい」と訳す希望の助動詞「まほし」の連用形。「まほし」は希望の助動詞であるが、願望の助動詞でもある。

(7)「なれ」は断定の助動詞「なり」の已然形。断定か伝聞・推定かで迷うが、筆者の強い主張であるため断定の意味と考えること。

問6（答 ㋑ **人間の情理を兼ね備えることが、歌にとって大切なことである。**）

傍線部(9)は以下のように単語分けされる。

人（名）／の（格助）／まこと（名）／の（格助）／情（名）／なら（断定［未］）／め（推量［已］）／や（係助）〈反語〉

「や」は文脈から反語と判断されるので、「結局人間の真の感情とは言えない」のような意味となる。筆者は兼好法師の言葉「花は盛りに、月はくまなきをのみ見る物かは」を人間の真の感情を表現したものとは言い難いと結論付けている。

㋑・㋺・㋥で少し迷うが、傍線部(9)の前文「然りとて、わびしく悲しきを、みやびたりとて願はむは（＝そうとは言って、つらく悲しい気持を、風情があるといって願うようなことは）」とのつながりから考えてみる。すると、風情のある歌を詠むためにつらい気持ちや悲しい気持ちを風情があるとするのは人間本来の情理とは食い違っていると宣長は述べているのがわかる。よって、正解は㋑。

問7（答 ㋩ **古事記伝**）

本居宣長の著作は、『玉勝間』（随筆）・『うひ山ぶみ』（学問論）・『源氏物語玉の小櫛』（注釈書）・『古事記伝』（注釈書）の四作品が最重要。正解は㋩。

作品紹介

『玉勝間』（本居宣長／江戸時代）

～松阪の一夜～

『玉勝間』は江戸時代後期の伊勢松阪（現在の三重県松阪市）の国学者、本居宣長によって書かれた随筆です。随筆は、自身の生涯の学問や思想などの覚書のことを指し、国学は江戸中期に起こった日本の古典を実際の文献に当たって研究・固有の文化を究明しようとする学問のことです。国学者には数多くの人物がいますが、宣長は国学の大成者とされています。宣長が大成者と成り得たのには、賀茂真淵《かものまぶち》という師の存在があったからだと思います。

宣長と真淵の二人には「松阪の一夜」と呼ばれる有名なお話があります。

宝暦一三（一七六三）年五月二五日の夜、以前から日本の古典に興味を抱いていた宣長は、尊敬する賀茂真淵が滞在していた宿を訪問します。紹介状もなく訪れた宣長を真淵は快く迎え、激励し、自らが学んだすべてを宣長に教授していくことを約束します。二人が顔を合わせたのはこのときだけ、以後、手紙のやりとりを通じて交流を深めていきました。そこで真淵は宣長にこう諭しています。

師の学説であったとしても、誤りは徹底的に正しなさい。それが国学の発展につながり、結局は師を敬うことにもなる。

江戸時代は主人や師を否定することは御法度とされた封建社会。そんななか、この真淵のリベラルは驚くべきものだと思います。そして宣長はこの真淵の教えを習い、本文にもあるように兼好法師を批判しています。

どんな大物なりとも納得できないところは徹底的に正す。事実この後、国学は急激な進歩を遂げていくのです。

9

第10回

解説
EXPLANATION

物語『落窪物語』

語数	528語
得点	/50点
問題頁	P.44
古文音声	

❶ 読解のポイント

継子いじめのお話です。父の中納言、継子の落窪の君、継母という3人の立場を理解し、様々な箇所の主語を補足しながら読解してください。実子を溺愛する継母、その継母に軽視されいじめられる継子（落窪の君）、いじめを制止しない父の中納言という関係になっています。「日にそへて」「世の中に」の歌に見られる落窪の君の絶望的な心境についても考察しましょう。

〈あらすじ〉

実母がなくなり、父の家に引き取られた娘がいた。継母から「落窪の君」などという屈辱的な名称で呼ばれている。縫物などをさせられて酷使されているが、どんな無理な要求を受けても反抗することもしない。時折涙ぐんでは自らの絶望的な境遇を嘆息する歌を口ずさむのであった。

❷ 登場人物

A **中納言なる人**…Cとの間にたくさんの娘（大君・中君・三の君）や息子（三郎君）がいる。以前Eの所にも通っていた。Eとの間にBをもうけるが、Eの死後、Bを自邸に引き取っている。

B **母もなき御女**…AとDの間に生まれた姫君。「落窪の君」と名付けられ、継母に酷使され、嘆きながら日を送っている。後に右近少将道頼に見初められ、助けられる。

C **北の方**…Aの正妻。Bの継母。継子であるBを使用人のような扱いをしている。

D **親**…今は亡き落窪の君の母。Aの側室。皇族の母を持つ。Eに落窪の君を託して亡くなる。

E **されたる女**…落窪の君の一切の世話をしている。「阿《あ》漕《こぎ》」という名で呼ばれている。

3 全文解釈

（■重要語／■助動詞／■接続助詞／■尊敬語／■謙譲語／■丁寧語）

今は昔、中納言なる人の、女あまた持たまへるおはしき。大君、中の君には婿どりして、西の対、東の対に、はなばなとして住ませたてまつりたまふに、「三四の君、裳着せたてまつりたまはむ(1)」とて、かしづきぞしたまふ。

今となっては昔のことであるが、中納言である人で、娘をたくさんお持ちになっている人がいらっしゃった。長女、次女には婿をとって、（寝殿の）西の対、東の対に、立派な様子で住まわせ申し上げなさっていたが、「三の君と四の君には、裳着の式をして差し上げよう」として、大切に育てなさった。

また時々(ア)通ひたまひけるわかうどほり腹の君とて、母もなき御女おはす。

また（Aが）時々お通いになった**皇族の女性を母親として生まれた**姫君ということで、母もいない姫君がいらっしゃる。

北の方、（心やいかがおはしけむ）、つかうまつる御達の数にだに思さず、寝殿の放出の、また一間なる落窪なる所の、二間なるになむ住ませたまひける。

北の方は、性格がどのようにいらっしゃったのであろうか、（邸に）お仕えする女房たちと同格にさえお思いにならず、寝殿の放出の、また一間ほど離れた一室の落ち窪んだ場所で、（たった）二間の所に（Bを）住ませなさった。

君達とも言はず、御方とはまして言はせたまふべくもあらず。名をつけむとすれば、さすがに、おとどの思す心あるべしとつつみたまひて、「落窪の君

（Cは）（何々の）姫君とも言わず、（何々の）御方とはましてや言わせなさるはずもない。名前をつけようとすると、そうはいってもやはり、中納言の思うところもあるだろうと**遠慮し**なさって、（CはBを）「落窪の君

単語・文法・解説

□あまた【数多】副（★★★）
①たいして〈↓打消〉
②たくさん

□かしづく【傅く】動カ四（★★★）
①大切に育てる
②お仕えする・大切に世話をする

□わかうどほりはら【わかうどほり腹】名
①皇族の女性を母親として生まれた人のこと
※「わかんどほり腹」とも言う。

□つつむ【包む】動マ四
①遠慮する
②隠す・秘密にする

❶…副助詞「だに」の類推用法は「だに」の前に程度の低いものをあげ、後に程度の高いものをあげ「…さえ」と訳す用法。本文の場合「だに」の前にある「御達」が身分の程度が低い人物であることを指し、後の「御方」が身分の程度が高い人物であることを示している。

と言へ」と(イ)のたまへば、人々もさ言ふ。Aおとども、児より(ウ)らうたくや思し

と呼びなさい」とおっしゃるので、〈原因〉人々もそのように呼ぶ。中納言も、〈起点〉幼い頃から**かわいい**という愛情をお持ち

つかずなりにけむ)、ましてC北の方の御ままにて、わりなきこと多かりけり。

にならなかったからであろうか、なおさら北の方の思い通りになってしまって、(姫には)**つらい**ことが多かった。

はかばかしき人もなく、乳母もなかりけり。ただ、D親のおはしける時より使ひ

しっかりした後見人もなく、乳母もなかった。ただ、母親が生きていらっしゃったときから〈起点〉(姫君に)

つけたる童の、Eされたる女、後見とつけて使ひたまひけり。▶あはれに思ひかはし

仕えるように言いつけた子供で、〈同格〉**気が利いた**女を、世話役として使いなさった。〈補〉(BとEは)つらいと思いあっ

て、⬇片時離れず。さるは、Bこの君のかたちは、かく(エ)かしづきたまふ御女ども

て、片時も離れない。それにしても、この姫君の容貌は、このように**大切に育て**なさる娘たち

よりもおとるまじけれど、出で交ふこともなくて、あるものとも知る人も

〈比較〉よりも劣るはずもないが、(姫君が外に)出て交わることもないので、そこに姫君が暮らしていると知る人も

なし。やうやう物思ひ知るままに、世の中のあはれに心うきをのみ思され

いない。次第に物心がつくにつれて、この世のしみじみとつらいことばかりを〈主格〉お思いになっ

ければ、かくのみぞうち嘆く。

たので、〈原因〉このようにばかり(歌を詠んで)嘆いている。

日にそへて(オ)うさのみまさる世の中に心(カ)つくしの身をいかにせむ

日が経つにつれてつらさばかりがまさるこの世の中に、様々に気をもんでしまうこの身をどのようにしようか。

□★★★**らう**《ロウ》**たし**【労たし】形ク
①かわいい

□★わりなし【理無し】形ク
①道理に合わない
②つらい・苦しい

□★★★**はかばかし**【果果し】形シク
①しっかりしている
②はっきりしている

□さる【戯る】動ラ下二
①たわむれる
②才気がある・気が利く

と言ひて、いたう物思ひ知りたるさまにて。おほかたの心ざま聡くて、

と（Bは）言って、　たいそう物思いにふけている様子である。　だいたいのことにおいて気立が聡明で、

琴なども習はす人あらば、（キ）いとよくし❷つべけれど、誰かは教へむ。(2)

もし琴なども習わせる人がいるならば、きっとうまくできるはずであるが、誰が教えるだろうか、いや誰も教える人などいない。

D
母君の、六つ七つばかりにておはしけるに、習はし置いたまひけるままに、箏の

母君が、（Bが）六、七歳ほどでいらっしゃったときに、（Dが）かねて習わしておかれたとおりに、　箏の

琴を世にをかしく弾きたまひければ、当腹の三郎君、十ばかりなるに、琴心に

琴をたいそう上手に弾きなさったので、　継母腹の三郎君で、　十歳くらいの子が、　箏に興味を持っ

C
いれたりとて、「これに習はせ」と、北の方のたまへば、時々教ふ。つくづくと暇の

ているということで、「この三郎君に習わせなさい」と、北の方がおっしゃるので、（Bは）時々教える。（Bは）ぼんやりと暇があ

あるままに、物縫ふことを習ひければ、いとをかしげにひねり縫ひたまひけれ

るにつけて、　縫物を習ったところ、　たいそう上手に手つきよくお縫いになったので、

ば、「いとよかめり。(ク)ことなるかほかたちなき人は、物まめやかに習ひたるぞ

（CはBに）「非常に都合の良いことのようだ。　**格別な**容貌もしていない人は、　何かをまじめに習うのが

よき」とて二人の婿の装束、いささかなるひまなく、かきあひ縫はせたまへば、

よい」と言って二人の娘婿の装束を、　ほんの少しの暇もなく、　かき集めて縫わせなさるので、

しばしこそ物いそがしかりしか、夜も寝も寝ず縫はす。いささかおそき時は、

（Bは）しばらくの間はなにか忙しいというだけであったが、　夜も**寝か**さず縫わせる。　少しでも縫いあがるのが遅いときは、

□★★★**ことなり【殊なり・異なり】** 形動ナリ
①格別だ・特別だ
②（ほかとは）異なっている

□★**いもぬ【寝も寝】** 動ナ下二
①寝る

❷…「強意＋推量」の用法「てむ・なむ・つべし・ぬべし」の「て・な・つ・ぬ」は強意の用法である。以下のような訳す。
(1) きっと～だろう
(2) 今にも～しそうだ
(3) ～できるだろう
(4) ～てしまいたい

10

「かばかりのことをだに、ものうげにしたまふは、何を役にせむ(3)とならむ(4)」

「これくらいのことさえ、**つらそうに**なさるとは、どこを取り柄にしようというのかい」

と責めたまへば、嘆きて、「いかでなほ消えうせぬるわざもがな」と嘆く。三の君に御裳着せたてまつりたまひて、やがて蔵人の少将あはせたてまつりたまひて、いたはりたまふこと限りなし。落窪の君、まして暇なく、苦しきことまさる。（若くめでたき人は、多くかやうのまめわざする人や少なかりけむ(5)、）あなづりやすくて、いとわびしければ、うち泣きて縫ふままに、

となじりなさるので、（Bは）嘆いて、「なんとかしてこのまま消え失せてしまう方法があればなあ」と嘆く。（Cは）三の君に御裳着の式をさせ申し上げなさって、すぐに蔵人の少将と結婚させ申し上げなさって、**大切に**なさることこの上もない。落窪の君には、これまでにもまして暇がなく、苦しいことが増えていく。若く美しい女房達は、大部分が裁縫のような実用的な仕事をこなす人が少なかったのだろうか、**侮られがち**で、（Aは）たいそうつらかったので、泣いて裁縫をしながら、（以下のような歌をお詠みなさる）

世の中にいかであらじと思へどもかなはぬものはうき身なりけり

（この）世の中になんとかして生き長らえまいと思うけれど、どうにもできないものは**つらい**我が身であることよ。

□ものうげなり【物憂げなり】形動ナリ
①なんとなく気が進まない様子だ・つらそうだ

□いたは《ワ》る【包む】動ラ四
①大切に扱う
②いとおしむ・かわいがる
③病気を治療する

□★★あなづらは《ワ》し【侮らはし】形シク
①侮りたくなる様子だ
②気を遣わなくてもよい

□★★★うし【憂し】形ク
①つらい ②嫌だ ③冷たい

❹ 解答・解説

問1 （答 (ア)⑥ 中納言　(イ)⑤ 北の方　(エ)⑥ 中納言　(ケ)⑥ 中納言）

傍線部の主語を問う問題。敬語表現が大きなヒントとなるが、文脈も合わせて見て、慎重に答えを導き出そう。

傍線部(ア)の「通ひたまひける」の「通ひ」は男が女のもとに通っていたと捉え、⑥か⑧が正解と考えること。この時点ではまだ蔵人の少将は登場していないため、落窪の君の父である中納言が今は亡き落窪の君の母のもとに通っていたということである。よって、正解は⑥。

傍線部(イ)の「落窪の君」という名で呼ぶように家人に命令したのは誰かということであるが、そのようにおとしめた名前をつけるような人物は、北の方以外考えられない。よって、正解は⑤。

傍線部(エ)は、本文の最初の「かしづきぞしたまふ」の主語が父君（中納言）であることから、この箇所の発言の主体も同じく父君であると考えること。「かしづきたまふ」の「かしづく」は「かわいがる」と訳す四段動詞「かしづく」の連用形。よって、正解は⑥。

傍線部(ケ)は、本文の最初の「三四の君、裳着せたてまつりたまはむ」の発言の主体が父君（中納言）であることに注意してほしい。よって、父君が三女である三の君に「裳」をはかせたと考えること。正解は⑥。

問2 （答 (ウ)幼い頃からかわいいという愛情をお持ちにならなかったせいであろうか　(キ)きっとたいそううまくできたはずであるが）

傍線の現代語訳の問題である。(ウ)・(キ)共に、助動詞が多く含まれる箇所であるので、その意味を正確に表現しなければならない。

傍線部(ウ)は以下のように単語分けされる。

らうたく〔ク用〕／や〔係助〕／思し〔四用〕／つか〔四未〕／ず〔打消用〕／なり〔四用〕／に〔完了用〕／けむ〔過推体〕

「思しつかず」の主体は落窪の君の父の中納言である。「らうたく」は形容詞「らうたし」（訳：かわいい）の連用形。「なり」は動詞「なる【成る】」の連用形。完了や過去の原因推量の意味も加えて「幼い頃からかわいいという愛情をお持ちにならなかったせいであろうか」のように解釈すること。

筆者は、父の中納言が継母の言いなりになっている理由について、姫君が幼いころからずっとかわいいと感じなかったせいではないか、と考えているのである。

傍線部(キ)は以下のように単語分けされる。

> いと〔副〕／よく〔副〕／し〔サ変[用]〕／つ〔強意[終]〕／べけれ〔推量[已]〕／ど〔逆接〕

前文に「琴なども習わす人あらば」とあるから、(キ)の「し」が琴を弾くという意味のサ変動詞「す」であると考えること。加えて「つべけれ」が「きっと…だろう」と訳す強意＋推量(当然)の表現であることに注意して訳すこと。正解は「きっとたいそううまくできるはずであるが」のように訳す。

問3 (答) **(オ)憂さ　(カ)尽くし**

傍線部との掛詞を問う問題。「うさ」「つくし」はよく掛詞になる言葉であるため知っていることが望ましいが、文脈から考えても答えは導き出せる。

「日にそへて…」は、継母に冷遇され、自らの将来を絶望的に感じている落窪の君の心情があらわれた歌である。「宇佐・筑紫」という地名につらい姫君の心情を表す「憂さ・(心)尽くし」が掛けられている。「宇治」に「憂し」が掛けられるように、地名に掛詞が使用されるパターンは多く見られる。

問4 (答) **①容貌の優れていない普通の女のこと**

傍線部(ク)は姫君を見下した継母の発言の一部である。「ことなることなし【異なること無し】」は全体で「たいしたことがない／これといってとりえもない」と訳す表現。「これといってとりえもない」に最も意味が近似するのは①であるため、正解は①。そのほか、「なでふことなし・とりわきたるなし・いとしもなし」なども同じように訳すので記憶しておくこと。

問5 (答) **いかでなほ消え失せぬるわざもがな。(十七字)**

設問文中の「いかであらじ」は以下のように単語分けされる。

> いかで〔副〕／あら〔ラ変[未]〕／じ〔打意[体]〕

「いかで」は「どうして／どのように／なんとかして」などと訳す副詞。「じ」の後が「と思へ」となっているところから、打消意志の助動詞「じ」であると考えること。意志や願望表現が続く場合の「いかで」は「なんとかして」と訳す。継母にひどくいじめられ、生きていけないと姫君が感じていると捉えて、傍線部(コ)全体を「なんとかして生き長らえまい」のように訳すこと。これと近い意味になるのは、少し前の文「いかでなほ消え失せぬるわざもがな」である。「もがな」は「…したいものだ」と訳す詠嘆願望の終助詞。

問6（答 (1)① 意志の助動詞　(2)⑦ 推量の助動詞　(3)① 意志の助動詞　(4)⑦ 推量の助動詞　(5)⑥ 過去推量の助動詞の一部）

助動詞「む」には「推量・意志・仮定・勧誘・婉曲・適当」の六つの意味がある。以下のような根拠で意味を決定づけること。

(1)…会話文の中にあり、主体は父の中納言自身（一人称）なので意志。

(2)…反語の係助詞「かは」が上部にあることに注意。疑問・反語＋推量で「どうして〜だろうか、（いや〜）」になる。

(3)…「せむと」の後に「思ふ」という意志の意味が省略されていると考えること。

(4)…「何を〜む」は疑問・反語の用法。「何を〜だろうか」で推量。

(5)…「少なかりけむ」は形容詞「少なし」の連用形「少なかり」に過去推量の助動詞「けむ」の連体形が接続したもの。「む」単体で考えないようにすること。

問7（答 ②　③）

以下のようにして選択肢の内容を吟味すること。

①＝×…中納言が西の対・東の対に住まわせたのは北の方との間の娘たちである。

②＝○…「落窪の君」の「〜君」というのは、一応、中納言の娘の名称ではある。

③＝○…落窪の君には、実母が生きていた頃からずっと世話を欠かさない侍女の存在があったという記載がある。

④＝×…「自分の息子を琴の師範にして」が本文の内容とは異なる。

⑤＝×…「（落窪の君の）将来に期待をかけていた」は継母の思惑とは対極である。

⑥＝×…落窪の君と蔵人の少将とは男女の交流はない。

問8（答 ② **住吉物語**）

作者未詳の平安時代の物語。落窪物語と同様に、実母を失った姫君が継母にいじめられるお話である。その他の作品は、巻末付録（☞124頁）の重要文学史一覧を参照。

作品紹介

『落窪物語』（作者未詳／平安時代）

～継子いじめ物語の傑作～

『落窪物語』とは平安の初期の作者未詳の物語です。継子いじめを主題に平安前期の家庭生活が描かれています。虐待されていた継子の姫君が右近少将道頼《みちより》に救いだされ、継母方は少将に復讐されるというお話です。継子いじめのお話としては、鎌倉初期に成立したとされる『住吉物語』、室町時代後半から江戸初期に成立したとされる『御伽草子』の「鉢かづき」などが有名です。一夫多妻制の折、実母を亡くした子が継母にいじめられるというのは一種の社会問題でもあったのです。

　題名の「落窪」とは寝殿の母屋の横にある落ちくぼんだ部屋で、「落窪の君」とはそこに召使いのように住まわせている姫君のこと。姫君であるのに家の者からは蔑まれ、下女のように裁縫ばかりさせられていました。彼女はなかなかの器量良しでしたが、気付く世の男性は絶無であったのです。侍女の阿漕《あこぎ》と阿漕の夫である帯刀《たちわき》だけが唯一の味方。継母の策略によって窮地に陥った姫君を、阿漕が機転を利かせて救出するというシーンが本文の各所に見られます。

阿漕のことを陰の主人公だという人もいるくらいなんです。なんと阿漕は二〇〇歳まで生きたと記されています。まさしく女傑ですね。

　こんな不憫な姫君のもとに、白馬に乗った王子様のごとき貴公子があらわれます。その人の名は、帯刀の乳兄弟の右近少将道頼。阿漕の導きによって姫君の姿を垣間見た道頼は姫君に一目惚れ。姫君も大雨にも妨げられずやってくる道頼に心を許します。道頼に救い出された姫君はやっと幸せを手にすることができたのでした。いつまでも続く雨はないとでもいいましょうか。レベル②にも『落窪物語』のコラムがありますので、ぜひ確認しておきましょう。

物語『源氏物語』―若紫―

語数	368語
得点	/50点
問題頁	P.50
古文音声	

❶読解のポイント

光源氏の邸宅に連れてこられた若君（＝紫の上）と強引に若君を連れてきた光源氏。地の文の尊敬語は光源氏と若君のみに使用されていますね。不安げな若君の気持ちを和ませようとする光源氏、徐々に気持ちが落ち着いてくる若君。彼女の心情の変化を追いながら、それぞれの立場を理解して読解しましょう。また、文法的用法の理解も併せて深めていきましょう。

〈あらすじ〉
光源氏が自身の邸宅に若君（＝紫の上）を連れてきた。紫の上は同行した乳母の少納言が側にいないので不安がり、連れてきた翌日も、日が高くなってもお召し物にくるまって横になっている。源氏は親しく話しかけては彼女が興味を引きそうな絵や玩具などを与え、機嫌をとっている。微笑む若君。その可愛らしさに源氏も微笑んでしまう。

❷登場人物

A **光源氏**…紫の上を強引に連れ出し、自分好みに育てようと、自邸の西の対に住まわせる。不安気な紫の上に対して、あれこれと機嫌をとっている。

B **若君**…紫の上のこと。唯一の家族であった祖母の死後、光源氏に連れられて来て彼の邸宅に住まわされている。光源氏の初恋の女性である藤壺女御の兄の子。

C **惟光**…光源氏の乳母子。様々なシーンで源氏を助ける。

D **少納言**…光源氏の邸宅に紫の上に付き添ってやってきた乳母。紫の上とは別の場所に置かれ、戸惑っている。

1

3 全文解釈

（重要語／助動詞／接続助詞／尊敬語／謙譲語／丁寧語）

❶こなたは住みたまはぬ❷対なれば、御帳なども なかりけり。惟光(C)召して、御帳、御屏風など、あたりあたりしたてさせたまふ。御几帳の帷子引き下ろし、御座などただひきつくろふばかりにてあれば、東の対に御宿直物召しに遣はして大殿籠りぬ。若君はむくつけう、「いかにすることならむ」と震はれたまへど、さすがに声たてても❸え泣きたまはず、「少納言がもとに寝む」とのたまふ声いと若し。「今は、さは大殿籠るまじきぞよ」と教へきこえたまへば、いとわびしくて泣き臥したまへり。乳母はうちも臥されず、ものもおぼえず起きゐたり。

こちらは（Aが）（普段は）お住みになっていない建物であるので、御帳などもなかった。（Aは）惟光をお呼びになって、御帳、御屏風などで、あちこちの装いを整えさせなさる。御几帳の帷子を引き下ろし、敷物などを単に身なりを整えただけになっているので、（Aは）東の対にご寝具を取りに遣わしておやすみになった。若君（＝紫の上）は不気味に思って、いったい何をするのだろうと震えられなさるが、そうはいっても声を上げてお泣きにもなれず、（Bは）「（乳母の）少納言のところに寝たい」とおっしゃる声はたいそう幼い。（Aが）「今となっては、そのようにはお眠りになってはいけませんよ」と教え申し上げなさるので、（Bは）たいそうさびしくなって、泣き臥していらっしゃる。乳母は（心配で）少しも横になることができず、どうしてよいかわからず起きていた。

単語・文法・解説

□ひきつくろふ【引き繕ふ】動八四
①体裁を整える
②注意をはらう
③身なりを整える

★★□むくつけし 形ク
①不気味だ ②風情が無い

★★★□わびし【侘し】形シク
①さびしい ②つらい

❶…二条院の西の対の屋のこと。

❷…打消の助動詞「ず」の連体形「ぬ」は未然形に接続し、完了の助動詞「ぬ」の終止形「ぬ」は連用形に接続する。

❸…副詞「え」は打消語と呼応して「…できない」と不可能の意味になる呼応の副詞。

II

2

明けゆくままに見わたせば、御殿の造りざま、しつらひざまさらにもいはず、庭の砂子も玉を重ねたらむやうに見えて、輝く心地するに、はしたなく思ひゐたれど、❶こなたには女などもさぶらはざりけり。うとき客人などの参るをりふしの方なりければ、男どもぞ御簾の外にありける。かく人迎へたまへり、とほの聞く人は、「誰ならむ。おぼろけにはあらじ」とささめく。

夜が明けるにつれて（邸の様子を）見渡したところ、建物の仕様、飾りつけの様子などは言葉にならないほどすばらしく、庭に敷き詰められた砂も玉を敷き重ねているように見えて、輝くように見えるので、（Dは）**体裁が悪い**ように思っていたが、❶こちらには女房たちもお仕えしていなかった。**疎遠な**客人などが参るときに使用する場所であったので、男たちが御簾の外にお控えしていた。このように（Aが）女君をお迎えになった、とほのかに聞く人は、「誰であろうか。**並大抵の**お方ではないだろう」とささやいている。

3

御手水、御粥など❶こなたにまゐる。日高う寝起きたまひて、「人なくてあしかんめるを、さるべき人々、夕づけてこそは迎へさせたまはめ」とのたまひて、対に童べ召しに遣はす。「小さきかぎり、ことさらに参れ」とありければ、いとをかしげにて四人参りたり。君は御衣にまとはれて臥したまへるを、

手洗いの水、おかゆなどもこちらでお使いになる。（Aは）日が高くなってからお起きになって、「人がいなかったら寂しく思われるから、（ここに）ふさわしい女房たちを、夕方になれば迎えさせなさるのがよかろう」とおっしゃって、東の対に女童をお呼びにつかわす。「年齢の幼いものだけ、**とりわけ**参上せよ」とあったので、たいそうかわいらしい様子をして（女童が）四人参った。紫の上はお着物にくるまって横になっていらっしゃっているのを、

□★★★**はしたなし【端なし】** 形ク
①中途半端だ ②そっけない ③体裁が悪い

□★★**うとし【疎し】** 形ク
①疎遠だ

□おぼろけなり 形動ナリ
①並み一通りだ（↔打消） ②並大抵ではない

□ことさら【殊更】 形動ナリ
①わざわざ ②とりわけ・格別に

せめて起こして、「かう心憂くなおはせそ。すずろなる人は、かうはありなむ

（Aが）無理に起こして、「このようにつらくさせなさってはならない。いいかげんな人が、このようにするでしょう

や。女は、心やはらかなるなむよき」など今より教へきこえたまふ。御容貌

ね。女というものは、心が素直なのが良いのですよ」などと今より教え申し上げなさる。（Bの）ご容貌

は、さし離れて見しよりも、いみじう清らにて、なつかしううち語らひつつ、

は、離れて見るよりも、すばらしく上品で美しく、（Aは）親しみやすく話しかけては、

をかしき絵、遊び物ども取りに遣はして見せたてまつり、御心につくことど

風情のある絵や、おもちゃなどを取りにおやりになって（紫の上に）見せ申し上げ、興味をお持ちになるようなこと

もをしたまふ。やうやう起きゐて見たまふに、鈍色のこまやかなるがうち

をなさる。（Bが）だんだん起きて座って（Aが）ご覧になると、（Bは）（喪服の）鈍色の色が濃いもので着慣れて

萎えたるどもを着て、何心なくうち笑みなどしてゐたまへるがいと

やわらかくなったものなどを着て、無邪気に微笑んで座っていらっしゃるのがたいそう

うつくしきに、我もうち笑まれて見たまふ。

かわいいので、源氏自身もつい微笑まれて御覧になる。

□**せめて**【責めて】副
①無理に・強いて　②なんとかして〈↓意志・願望・命令〉

□**こころうし**【心憂し】形ク
①つらい　②嫌だ

□**すずろなり**【漫ろなり】形動ナリ
①思いがけない
②無性に…だ・しきりに…だ
③むやみやたらに［副詞的］
④いいかげんなさま

□**きよらなり**【清らなり】形動ナリ
①上品で美しい

□**なつかし**【懐かし】形シク
①親しみやすい
②心がひかれる

□**こまやかなり**【細やかなり】形動ナリ
①心がこもっている・懇切丁寧だ
②色が濃い・鮮やかだ

□**うつくし**【愛し・美し】形シク
①かわいい　②きれいだ

❹…副詞「な」は終助詞「そ」と呼応して「…するな」と訳す禁止の意味になる呼応の副詞。

❹ 解答・解説

問1（答 A①そうはいっても声を上げてお泣きにもなれず　B③並大抵のお方ではあるまい　C⑤人がいなかったら寂しく思われるから）

傍線部の現代語訳として、最も適切なものを選択肢から選ぶ問題。傍線部自体を訳したうえで、文脈から考えて不自然でないものを選ぶ。

傍線部Aは次のように単語分けされる。

さすがに《副》／声《名》／たて《下二[用]》／て《接助》／も《係助》／え《副》／泣き《四[用]》／たまは《四[未]》／ず《打消[用]》

「さすがに」は「とはいってもやはり」と訳す重要な副詞。「え」は打消語とセットで「…できない」と訳す呼応の副詞。この二つの条件が備わっているのは①のみ。紫の上は恐怖で身体が震えてしまったが、声をあげて泣くことはしなかったということである。よって、正解は①。

傍線部Bは次のように単語分けされる。

おぼろけに《ナリ[用]》／は《係助》／あら《ラ変[未]》／じ《打推[終]》

「おぼろげに」は打消語や反語表現を伴って「並一通りではない」と訳す表現。「なのめなり・なべてなり・なほざりなり・おろかなり」も同様。誠意・愛情・忠誠心・容貌などが尋常ではないというニュアンスを表す。光源氏の家人は急に現れた紫の上のことを「光源氏のような権力者がわざわざ自邸に招き入れるような女性であるから、やって来たのは並大抵のお方であるまい」などとささやきあっていたのである。正解は③。

傍線部Cは次のように単語分けされる。

人《名》／なく《ク[用]》／て《接助》／あしかん《シク[体]《撥音便》》／める《推定[体]》／を《接助《原因》》

「を」は「…すると（単純接続）／…だが（逆接）／…ので（原因理由）」の意味の接続助詞ではあるが、後文とのつながりから、原因理由の意味であるととらえること。一人ぼっちだと紫の上はさびしく感じるはずだから遊び相手を与えようという光源氏の言葉。正解は⑤。

問2（答 ⓐ④打消　ⓑ⑧使役　ⓒ⑤自発）

ⓐ「ぬ」は「たまは」という動詞「たまふ【給ふ】」の未然形に接続し、「対」という名詞が続いているので、打消の助

動詞「ず」の連体形。正解は④。

⒝「させ」は「たまふ」という尊敬語が続いているが、光源氏が乳母子の惟光に紫の上の住む場所を整え**させ**たということで使役の意味にとる。

⒞「れ」は直後に「たまへ」という尊敬語が続いていることに注意する。受身・自発・可能・尊敬の意味の助動詞「る・らる」が「れたまふ・られたまふ」のような形になった場合は受身になることが多いが、自然に身体が震えてしまったわけであるから自発を選ぶ。正解は⑤。

問3（答）⒟② 完了の助動詞「ぬ」＋推量の助動詞「む」　⒠④ 強意の係助詞「なむ」）

二重傍線部「なむ」の文法的説明として適切なものを、選択肢から選ぶ問題。「なむ」は接続によって、終助詞・助動詞・係助詞といった複数の品詞の可能性がある言葉である。よって、二重傍線部の前の言葉との接続を考える。「なむ」の識別は巻末付録（→119頁）に掲載してあるため、参照しておくこと。

⒟「なむ」はラ変動詞「あり【在り】」の連用形「あり」が上に接続していることに注意する。「連用形＋なむ」は完了（強意）の助動詞「ぬ」の未然形に推量の助動詞「む」の終止形（連体形）であるため、正解は②。

⒠「なむ」は文末がク活用の形容詞「よし【良し】」の連体形「よき」になっていることに注意する。文末を連体形にする「なむ」は強意の係助詞。正解は④。

問4（答）⑴② 紫の上　⑵① 光源氏　⑶⑤ 童べ）

⑴「大殿籠る」は「お眠りになる」と訳す動詞「おほとのごもる【大殿籠る】」の終止形である。「まじき」は禁止の助動詞「まじ」の連体形。「今は、さは大殿籠るまじきぞ」は光

II

源氏が紫の上（若紫）に、もう大人なんだから乳母と一緒にお眠りになるなどもってのほかですよと諭している箇所である。よって、⑴の主体は②となる。

⑵「召し」は「お呼びになる」の意味の動詞「めす【召す】」の連用形である。紫の上がさびしくないようにと光源氏が女童を呼びにやるシーンであるから、主体は①と判断することができる。

⑶「小さきかぎり、ことさらに参れ」は同じくらいの年齢の女童を紫の上のところに参るように命じた光源氏の言葉である。よって、「参れ」の主体は⑤と判断する。

問5（答 ① 紫の上は、少納言から引き離されたことで不安な気持ちになった。）

点線部Xは以下のように単語分けされる。

いと（副）／わびしく（シク[用]）／て、／泣き（四[用]）／臥し（四[用]）／たまへ（四[已]〈補〉）／り（存続[終]）

「いと」は「たいして／大変」と訳す副詞。「わびしく」は「さびしい／つらい」と訳す形容詞「わびし【侘し】」の連用形。「泣き臥したまへ」と敬語が使われていることから、主語は紫の上だとわかる。①②③の中からは文脈を意識して選ぼう。前文に「今は、さは大殿籠るまじきぞよ」と、もう乳母が添い寝するような年齢ではないと光源氏に諭され、泣きじゃくる紫の上の様子が描かれていることから考えると、正解は①となる。

問6（答 ② 少納言は、あまりにも立派な邸の様子に気が引ける思いでいる。）

点線部Yは以下のように単語分けされる。

はしたなく（ク[用]）／思ひ（四[用]）／ゐ（上一[用]）／たれ（完了[已]）／ど（〈逆接〉）、

「はしたなく」は「中途半端だ、そっけない、いたたまれない」などと訳す形容詞「はしたなし【端なし】」の連用形。

点線部Yには尊敬表現がないので、主語は少納言であるとわかる。光源氏は紫の上と共に乳母の少納言をも自邸に連れてきていた。「はしたなく思ひ」は豪奢な光源氏の邸宅を目のあたりにし、圧倒される乳母の様子を表している。よって、正解は②。

問7（答 光源氏の、さびしさのために泣いてばかりいた紫の上が笑うようになったのを見て、安心すると共にいじらしく思う気持ち。）

前文に「何心なくうち笑みなどしてゐたまへるがいとうつくしきに、」とあり、無邪気に笑う紫の上の描写が見られるから、Zはその姿を見た光源氏の様子であることがわかる。「誰のどのような気持ちか」という設問であるので、文頭と文末を「光源氏の……気持ち。」のような形にすること。

光源氏は、不安のあまり泣きじゃくる紫の上を慰めるために、女童を呼び寄せたり、一緒に遊んだりした。笑うようになった彼女の様子を見て安心すると共にその愛らしい様子に自らも微笑んでしまったのである。「笑まれ」の「れ」は自発の助動詞「る」の連用形。これらをまとめて正解を「光源氏の、さびしさのために泣いてばかりいた紫の上が笑うようになったのを見て、安心すると共にいじらしく思う気持ち。」のようにすること。

問8（答 ⑤ 光源氏は、突然の事態に不安がる紫の上を様々に教え諭した。）

内容正誤問題。以下のように考え、正解を選ぶこと。

①＝×…紫の上が到着したときに西の対には充分な調度品は揃えられておらず、女房たちも控えていなかった。

②＝×…本文に選択肢のような記載はない。光源氏の邸宅を見て度肝を抜かれたのは乳母の少納言の方である。

③＝×…「紫の上が女童を見て安心した」という具体的な記

載は本文にはない。

④＝×…この本文には「早朝から起き出した」という記載はない。

⑤＝○…問7で触れたとおり。

問9（答⑤ 宇治拾遺物語・雨月物語）

巻末付録（☞126頁）の重要文学史一覧を参照してほしい。選択肢の中の作品を『源氏物語』前か後かで整理すると以下のようになる。よって、正解は⑤。

前の時代に成立した作品は、「蜻蛉日記・日本霊異記・宇津保物語・風土記・平中物語」の五作品。

後の時代に成立した作品は、「新古今和歌集・徒然草・狭衣物語・宇治拾遺物語・雨月物語」の五作品。

作品紹介

『源氏物語』

～翼の折れたエンジェル～

（紫式部／平安時代）

『源氏物語』は中宮彰子の女房の紫式部によって書かれた長編物語。後代、日本文学のあらゆる方面に多大な影響を与えています。実に多数の女性が登場する本作のヒロインと言えば、初恋相手の藤壺の女御と紫の上でしょう。紫の上と藤壺の女御の名称の関連性についてはレベル②の三〇頁でも触れていますので、ぜひ確認しておいてください。

紫の上を垣間見しそこに藤壺の女御の面影を見出した源氏は自らの邸宅の西の対に彼女を閉じ込め、絶対人目に触れさせないようにします。筆者は、それまでの彼女と光源氏にひきとられた後の彼女を対照化させるために、極めて斬新な手法を用いたと言われています。

白き衣、山吹などのなれたる着て、走り来たる女子（紫の上）あまた見えつる子どもに似るべうもあらず、いみじく生ひ先見えてうつくしげなるかたちなり。

【訳】白い下着に山吹がさねかなにかの着慣れたものを着て、走って来た女の子は他の大勢見える女の子と比較にならないほど、たいそう将来美しくなる様子が思いやられてかわいらしい顔だちをしている。

教科書にも取り上げられている「紫の上」のシーンです。古文において、ヒロイン格の女性はむやみに走りません。ですが、筆者はあえて彼女を走らせることにより、光源氏に支配され一生彼のもとで生きることになる彼女の悲哀を強く印象付けようとしたと言われています。まさに、不自由な「翼の折れたエンジェル」※1ですね（苦笑）。何気ない描写にも意外な伏線の存在、それが『源氏物語』の妙なのです。

※1…1985年4月21日に発売された、歌手の中村あゆみさんの名曲です。エンジェルは汚れのない無垢な子どものことを指していると言えます。

第12回

解説 EXPLANATION

物語『源氏物語』―御法―

語数
250語
得点
/50点
問題頁
P.56
古文音声

❶読解のポイント

最愛の妻である紫の上を失った源氏の落胆と、源氏を慰めようとする秋好中宮の様子が描かれています。双方とも高貴な人物なので、地の文にはそれぞれ尊敬語が使用されています。よって、尊敬語の有無からではなく、それぞれの立場から主体を導きましょう。秋好中宮の歌、光源氏の歌に込められたおのおのの心情を理解しましょう。

〈あらすじ〉

紫の上に先立たれた光源氏の悲しみははかりしれないものがあった。憔悴しきった彼のもとに秋好中宮から彼の身を案じる手紙がひっきりなしに届く。光源氏は涙で袖を濡らしながら、紫の上を亡くした悲しみを手紙に綴るのであった。息子の夕霧が法要を取り仕切っている。光源氏は出家してしまおうと思いつつもなかなか踏み切ることができないでいた。

❷登場人物

A 光源氏…物語の主人公。最愛の伴侶である紫の上に死なれ、茫然自失の有様で泣いてばかりいる。いつかは出家したいと思うようになっている。

B 紫の上…「この宮」に該当する人物。光源氏の最愛の妻。故人。

C 秋好中宮…「冷泉院の后の宮」に該当する人物。紫の上を亡くして涙にくれる光源氏に心のこもった手紙を送り、何かと励ましている。

D 夕霧…「大将の君」に該当する人物。光源氏の子息。母は亡き葵の上。ひたすら涙に暮れる光源氏に代わって法事を取り仕切っている。

3 全文解釈

（重要語／助動詞／接続助詞／尊敬語／謙譲語／丁寧語）

1

C 冷泉院 の 后 の 宮 より も、あはれなる 御 消息 絶え ず、(a)つき せ ぬ こと ども

冷泉院の后（秋好中宮）よりも、しみじみと情け深いお手紙がひっきりなしで、尽きることがない悲しみを

聞こえ たまひ て、

申し上げなさって、

「枯れ はつる 野辺 を 憂し と や B 亡き 人 の 秋 に (1)心 を とどめ ざり けむ

「枯れはてた野辺を見るのがつらいと（思って）、亡き人（紫の上）は秋に心を寄せなかったのでしょうか。

今 なむ ことわり (2)知ら れ はべり ぬる」と あり ける を、(b)ものおぼえ ぬ 御心 に も、

今になって理由がわかりました」と（手紙に）書いてあったのを、（Aは）物事の判断ができないお心にも、

うち 返し、置き がたく 見 たまふ。「言ふ かひ あり、をかしから む 方 の 慰め に は、

何度も、手に取ったままで置きかねるようにご覧になる。「話すかいがあり、風流な方面での心を慰めるお方としては、

(c) C この 宮 ばかり こそ おはし けれ」と、いささか の もの 紛るる やう に 思し 続くる

この宮だけがいらっしゃるのだなあ」と、ほんの少しは（気持ちが）まぎれるように思い続けなさる

に も (3)涙 の こぼるる を、袖 の 隙 なく、え 書き やり たまは ず。

につけても涙がこぼれるので、袖が乾く隙がなく、最後まで書くことがおできにならない。

のぼり に し(一) 雲居 ながら も (4)かへり 見よ A 我 あき はて ぬ(二) 常なら ぬ(三) 世 に

のぼっていった雲の上から振り返って見てください。私は無常の世の中が**完全に嫌になって**しまいました。

単語・文法・解説

□くもゐ【雲居・雲井】名
①宮中

□あく【飽く】動カ四
①満足する
②嫌になる・飽き飽きする

□はつ【果つ】動タ下二
①完全に…する・…し終える
②終わる・死ぬ

2

おし包み たまひ ても、とばかり うち ながめ て おはす。(5)

（Aは）返事を紙にお包みになっても、しばらく**物思いにふけっ**ていらっしゃる。

(d) すくよかに も 思さ れ ず、我 ながら、ことのほかに ほれぼれしく 思し 知ら るる

（Aは）**気丈**にもお思いになれず、自分でも、**格別にぼんやりしている**と理解される

こと 多かる 紛らはし に、女方 に ぞ おはします。仏 の 御前 に (e) 人しげから ず も

ことが多いのをまぎらわせるために、女房たちがいるところにいらっしゃる。仏の御前で大勢の人をそばに据えないでお**ふ**

てなし て、のどやかに 行ひ たまふ。「千年 を も もろともに」と 思し しか ど、限り

るまいになって、落ち着いて**仏道修行をし**なさる。（AはBと）「千年も**一緒に**」とお思いになったが、死に

ある 別れ ぞ いと 口惜しき わざ なり ける。今 は 蓮 の 露 も 他事 に 紛る

別れというものがたいそう**残念な**ことであった。今となっては極楽往生の願いも他のことにまぎれる

まじく、「後 の 世 を」と、ひたみちに 思し 立つ こと たゆみ なし。されど 人聞き を

はずもなく、「来世のために」と、（出家を）一途に決心なさる気持ちに揺らぎもない。とは言うものの外聞を

憚り たまふ なむ、(f) あぢきなかり ける。

気にしなさるのも、**情けない**ことであった。

3

御 わざ の こと ども、はかばかしく のたまひ おき つる こと なかり けれ ば、

（Aが）（紫の上の死後の）法要のことどもにおいても、**はっきりと**指示なさることがなかったので、

D 大将の君 なむ とりもち て 仕うまつり たまひ ける。「今日 や」と のみ、わが身 も

大将の君がすべて取り仕切ってお仕え申し上げなさった。（Aは）「今日こそが（出家の日だ）」とばかり、ご自分

★★ □**ながむ**【眺む・詠む】動マ下二
①物思いにふける ②（和歌や漢詩を）口ずさむ

★★ □**すくよかなり**【健よかなり】形動ナリ
①しっかりしている ②そっけない ③気が強い

□ことのほか【殊の外】形動ナリ
①思いのほか・格別に

□ほれぼれし【惚れ惚れし】形シク
①ぼんやりしている

★★ □**もてなす**【もて成す】動サ四
①扱う ②ふるまう

★★★ □**おこなふ《う》**【行ふ】動ハ四
①仏道修行する

□もろともに【諸共に】副
①そろって・一緒に

★★★ □**くちをし**【口惜し】形シク
①残念だ ②つまらない

★★★ □**あぢきなし**【味気無し・道無し】形ク
①つまらない ②道理に合わない ③情けない

★★★ □**はかばかし**【果果し】形シク
①しっかりしている ②はっきりしている

心づかひ せ[サ変[未]] られ[自発[用]] たまふ[四[体]]《補》 をり 多かる[ク[体]] を[接助]《逆接》、はかなく[ク[用]] て[接助]、積り[Y四[用]] に[完了[用]] ける[過去[体]] も[係助]、夢 の[格助]❶《比喩》 心地 のみ[副助] す[サ変[終]]。

でも覚悟なさる折も多かったが、あっけなく、月日が経ったということにつけても、夢の中にいるような心持ちだけがする。

❶…「夢の心地」の「の」は「～のような」と訳す格助詞「の」の比喩用法。

❹ 解答・解説

問1 （答 ㋓ (1)**紫の上** (2)**秋好中宮** (3)**光源氏** (4)**紫の上** (5)**光源氏**）

二重傍線部の主語を問う問題。リード文や注を参考に、登場人物の関係を押さえることが大切。地の文なのか、手紙の引用なのかにも注意。あとは文法や単語などといった知識を駆使して解くこと。

(1)の直前にある「亡き人の」の「亡き人」とは「紫の上」のこと。格助詞「の」には、①主格「～が」、②連体修飾格「～の」、③同格「～で」と訳す用法があるが、この「の」は文脈から「～が」と訳す主格用法でとるのが良い。よって、(1)の主体は**紫の上**になる。

(2)「知られ」の「れ」は自発の助動詞「る」の連用形。「枯れはつる……知られはべりつる」は秋好中宮から光源氏に対する弔問の手紙の中身であるから、「知られ」の主体は会話主の**秋好中宮**と考えること。

(3)「涙のこぼるる」は秋好中宮の手紙をもらい、涙にくれる光源氏の様子の描写であるから、主体は**光源氏**である。

(4)亡くなって雲の上にいる紫の上に対して光源氏が「かへり見よ」と言っているととらえ、(4)の主体を**紫の上**と判断すること。

(5)「おはす」は、直前の「おし包みたまひても、とばかりうちながめて」を、秋好中宮への返事を書いた後、紫の上を思うあまりしばらくぼんやりと物思いにふけっている光源氏の様子の描写であるととらえ、主体を**光源氏**であると判断すること。

したがって、正解は㋓。

問2 （答 ㋐ **尽きることがない悲しみを申し上げなさって**）

傍線部(a)は次のように単語分けされる。

つき〔上二[用]〕／せ〔サ変[未]〕／ぬ〔打消[体]〕／こと〔名〕／ども〔接尾〕／聞こえ〔下二[用]〕／たまひ〔四[用]〕／て〔接助〕、

秋好中宮は紫の上を亡くして悲嘆に暮れている光源氏を励まそうとして弔問の手紙（あはれなる消息）を送ってい

る。「つきせぬことども」とは、「枯れはつる」の歌の前に述べられていたはずの秋好中宮から光源氏への尽きることのない温かい励ましの言葉であったと考えること。よって、正解は㋐となる。

問3（答 ㋒ 光源氏が悲しみのあまり、物事の判断ができないということ）

傍線部(b)は次のように単語分けされる。

もの おぼえ〔下二[未]〕／ぬ〔打消[体]〕／御心〔名〕

「御心」とは秋好中宮から弔問の手紙をもらった折の光源氏の心情である。文脈から判断しても、紫の上を失った光源氏の茫然自失の有様であることは明白。動詞「ものおぼゆ【物覚ゆ】」の未然形「ものおぼえ」で「意識がはっきりする／物事をわきまえ知る」の意味になる。正解は㋒。

問4（答 ㋔ 光源氏にとって、期待通りの反応をしてくれる人は、今となっては秋好中宮だけであったということ）

傍線部(c)は次のように単語分けされる。

こ〔代名〕／の〔格助〕／宮〔名〕／ばかり〔副助〕／こそ〔係助〕／おはし〔サ変[用]〕／けれ〔詠嘆[已]〕

選択肢㋐～㋔の後半はそれぞれ差異がないので、前半を比較する。(c)の直前「言ふかひあり、をかしからむ方の慰めには」をどのように解釈するかがポイント。「をかしから」は「風情のある／かわいらしい」などと訳す形容詞「をかし」の未然形。紫の上を亡くした光源氏にとっては、和歌を詠みあうといった風情あるやりとりをして気晴らしをすることができる女性は、もはや秋好中宮（＝この宮）だけしかいないということを表している。正解は㋔。

問5（答 (d)㋐ 気丈に　(f)㋑ 情けないことだった）

(d)「すくよかに」は「しっかりしている／そっけない」と訳す形容動詞「すくよかなり【健よかなり】」の連用形。この箇所も(b)同様、紫の上を亡くして茫然自失になっている光源氏の有様を形容した言葉である。光源氏は紫の上を亡くしたショックで気丈に振る舞うことができないのである。よって、正解は㋐。

(f)「あぢけなかり」は「つまらない／道理に合わない／情けない」と訳す形容詞「あぢけなし【味気無し／道無し】」の連用形である。光源氏が出家の意志を固めながら、そのことを人に聞かれまいと思っている自らのふがいなさを形容した言葉。よって、正解は㋑。

問6（答 ㋑ 大勢の人をそばに控えさせないということ）

傍線部(e)は次のように単語分けされる。

人《名》／しげから《ク[未]》／ず《打消[用]》／もてなし《四[用]》／て《接助》、

「しげから」とは「多い／忙しい」などと訳す形容詞「しげし【繁し】」の未然形。光源氏は侍女たちの居る奥の部屋に向かうと、まわりに多くの人を置かずに仏道修行をしたということである。「もてなし」は「扱う／ふるまう」と訳す動詞「もてなす【持て成す】」の連用形。正解は㋑。

問7（答 (一)㋔ 過去　(二)㋑ 完了　(三)㋐ 打消）

助動詞の意味としてふさわしいものを選ぶ問題。(一)「し」は完了の助動詞「ぬ」の連用形「に」が上に接続していることにより、**過去**の助動詞「き」の連体形であると判断する。よって、正解は㋔。「にき・にけり」などのように完了の助動詞と過去の助動詞は重ねて使用されることが多い。

(二)は、文脈的に「我あきはて**ぬ**（訳：私は嫌になってしまった）」で文が切れるので、この「ぬ」は**終止形**だと考えられる。「はて」という**連用形**に接続する**終止形**の「ぬ」なので、**完了**の助動詞「ぬ」の終止形だと識別できる（☞120頁）。

よって、正解は㋑。

㊂の「ぬ」は、「世」という体言が後に続いていることに注意。打消の助動詞「ず」の連体形「ぬ」は未然形に接続し、後に体言が続く。よって、正解は㋐。

問8（㊀答　㊃1㋑　サ行　2㋐　四段活用　3㋓　連体形
㊄1㋕ラ行　2㋔下二段活用　3㋒　終止形）

動詞の活用について細かに問う問題。前後の言葉との接続、係結びの法則を踏まえて考える。

㊃「おはします」は「さ・し・す・す・せ・せ」と活用するサ行四段活用動詞「おはします」の連体形。連体形になっているのは「ぞ」の結びのためである。よって、1は㋑、2は㋐、3は㋓が正解となる。

㊄「紛る」は「れ・れ・る・るる・るれ・れよ」と活用するラ行下二段活用動詞「まぎる【紛る】」の終止形である。終止形になるのは活用語の終止形（ラ変は連体形）に接続する打消当然の助動詞「まじ」の連体形「まじく」に続いているからである。よって、1は㋕、2は㋔、3は㋒が正解となる。

問9（㊀答 ㋑　人間には寿命があること）

前文「千年をもろともにと思ししかど、限りある別れぞ」がヒントになる。「限りある別れ」というのは死別の意味を表す。「千年をもろともにと思ししかど、限りある別れぞいと口惜しきわざなりける。（訳：紫の上と千年もともに寄り添いたいとお思いになっていたが、人には必ず死別があるため最期には別れなければならないのが残念であった）」は、筆者が光源氏の気持ちを代弁している箇所である。正解は㋑。

問10（㊀答 ㋓　あっけなく月日が経ったということ）

「積もり」は、動詞「つもる【積もる】」（訳：度重なる）の連用形。前文に「今日やとのみ、わが身も心づかひせられたまふをり多かるを、はかなくて、」とあることに注意する。光源氏は出家の決意をし、今日にでも出家しようとしているが、様々に気を遣うことが多くて、かなわないまま日が経ってしまったのである。よって、正解は㋓。

問11（㊀答 ㋒　狭衣物語）

㋐『伊勢物語』は『大和物語』『平中物語』同様、歌物語である。作品とも『源氏物語』の前に成立している。

㋓『竹取物語』、㋔『宇津保物語』、㋑『落窪物語』も『源氏物語』以前に成立した作り物語である。㋒『狭衣物語』は『源氏物語』の影響が強い擬古物語である。よって正解は㋒。

それぞれの作品の概要は、巻末付録（☞124頁）の重要文学史一覧を参照すること。

作品紹介

『源氏物語』

～紫の上の死をめぐって～

（紫式部／平安時代）

光源氏が女三宮《おんなさんのみや》という幼妻を迎えた晩から、紫の上は不眠に悩まされるようになりました。光源氏の一番の女性であるというプライドを持って生きてきた彼女にとって、朱《す》雀《ざく》院《いん》の娘である女三宮の降嫁は実に耐え難いことでした。紫の上は出家を懇願しますが、光源氏は頑として聞き入れません。まわりの人に心配をかけまいとする性格も災いし、彼女は自分自身を追い詰めてしまいました。そうして、とうとう紫の上は四十三歳という若さで亡くなってしまったのです。亡くなったのは、風が吹き萩の葉から露がしたたり落ちる明け方でした。苦しみから解放されたからなのか、生前より死後の姿の方が美しかったと描かれています。

　彼女の死後、光源氏はまるで生けるしかばね、抜け殻のようになってしまいました。花を見ても鳥の声を聞いても何も感じず、ひきこもってばかりいます。

　やがて、晩年の光源氏は出家した後亡くなったとされているのですが、『源氏物語』の中には光源氏の死の具体的な様子は描かれてはいません。「雲隠《くもがくれ》」という巻名だけで、内容が何もないのです。非常にミステリアスですね。彼は晩年、次の歌を詠んでいます。

憂き世には　ゆき消えなむと　思ひつつ
思ひのほかに　なほぞほどふる

【訳】つらいこの世からは雪のように消えてしまいたいとは思うけれど、そんな自らの意志とはうらはらに生きながらえて月日を過ごしていることよ。

　晩年、光源氏のもとから親しい女性が次々と遠ざかっていきます。これは当時の身勝手な世の殿方を懲らしめたいという筆者の意図があるにちがいないと思うのです。

◆レベルアップおめでとう！

さて、「レベル④中級編」はここでおしまいです。最後までよく頑張りましたね。本当にお疲れ様でした。

レベル④では、中堅私大〜有名私大で過去に出題された良問を通じて、大学入試レベルに通じる本格的な実戦力を磨きました。本書をマスターしたみなさんはすでに、中堅〜有名私大の古文を読解する力が固まり、志望校の過去問にチャレンジできるレベルにまで到達していることでしょう。

このままさらに読解力・応用力を高め、有名私大や難関私大の古文で高得点を獲得したい人は、「レベル⑤上級編」に進んでください。国公立大を目指す人は、レベル⑤を飛ばして「レベル⑥最上級編」に進み、記述・論述対策を徹底してもよいでしょう。

それでは、さらに上のレベルで、またお会いしましょう。

【音声学習】全古文の朗読音声を再生 ▶▶▶

右の二次元コードを読み込むと、本書に収録された全古文（第1回〜第12回の問題文）の朗読音声が「全編通し」で再生できます。本書の復習や音読学習などにご活用ください。☞

巻末付録

重要事項のまとめ

◆Ⅰ 基本読解マニュアル

【主語同一用法・主語転換用法】

① **主語同一用法**（＝⬇）…接続助詞[*1]「て・で」の前後の主語は**同じ**であることが多い[*2]という法則。

② **主語転換用法**（＝♻）…接続助詞「を・に・が・ど・ば」の前後では主語が**変わる**ことが多い[*2]という法則。

❖これらの用法を用いることで、省略された主語を補足しやすくなる。

例 かの人の入りにし方《かた》に入れば♻〈単接〉、塗籠《ぬりごめ》あり。そこにゐて⬇、もののたまへど♻〈逆接〉、をさをさ答《いら》へもせず。（宇津保物語）

▼（男が）あの女の入っていった方に入ると、**塗籠**（＝部屋）がある。（男は）そこに座って、（男が）何かおっしゃるが、（女は）ほとんど返事もしない。

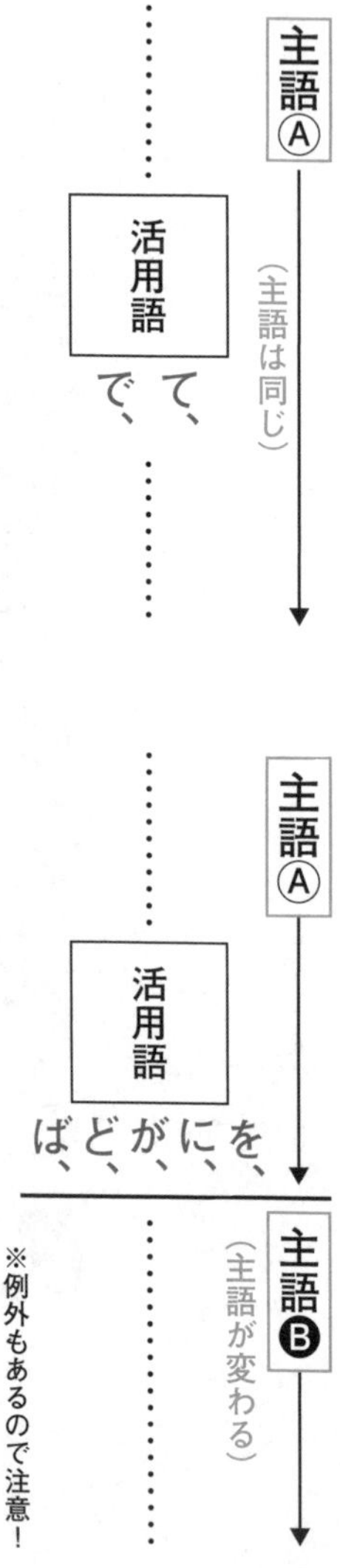

◆**補足説明**

＊1 接続助詞…文と文をつなぐ働きをする助詞。**格助詞**にも「を・に・が」があるので、明確に区別すること。

＊2 ただし、例外も少なくない。省略された主語を補足するための**一つの目安**であると考え、**文脈**も重視しながら判断することが大切。なお、本書の**【全文解釈】**では、同用法が適用できる箇所にだけ、⬇や♻の印を付けている。

【心中表現文・会話文・挿入句を区切る】

① **地の文**＊3の中に、**心中表現文**＊4や（「　」の付いていない）**会話文**＊5があったら「　」を書き込んで区切る。**挿入句**＊6があっら（　）で区切る。

❖区切ることで、主語と述語の関係や文脈が明確になり、読解がしやすくなる。

② 左図のように、心中表現文・会話文は、**読点**《とうてん》（、）または**句点**《くてん》（。）の直後から始まり、「とて、」＊7や「と思ふ／と言ふ」などの直前で終わるのが原則。挿入句は、**読点**《とうてん》（、）の直後から始まり、最後が「……にや、／……にか、／……推量、」という形になっているのが原則。

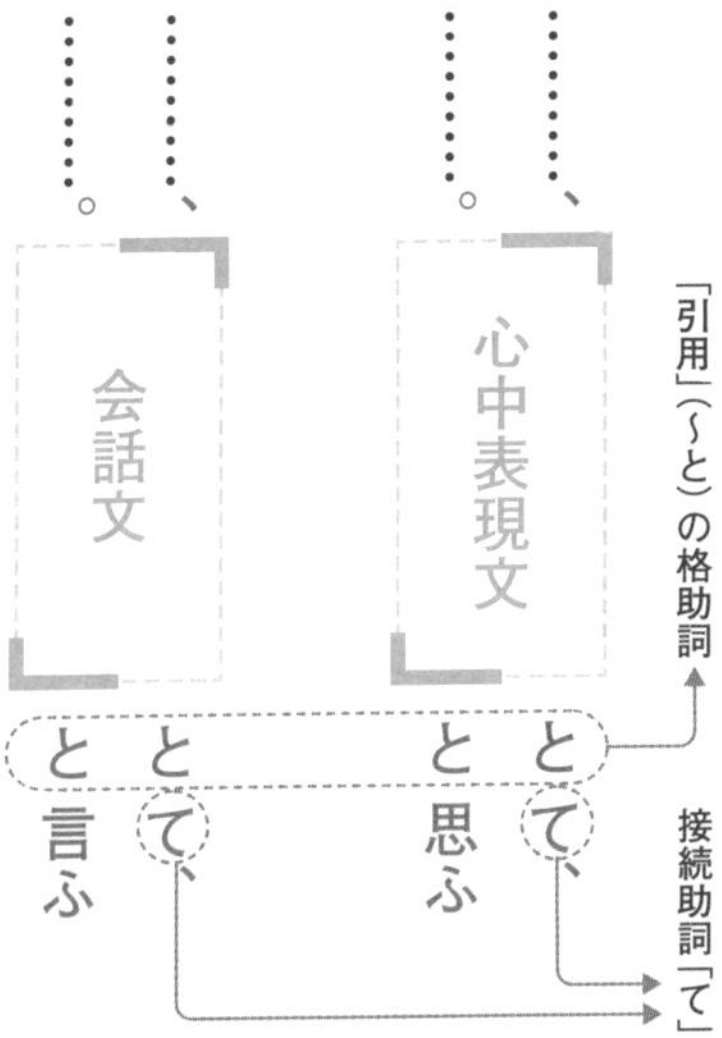

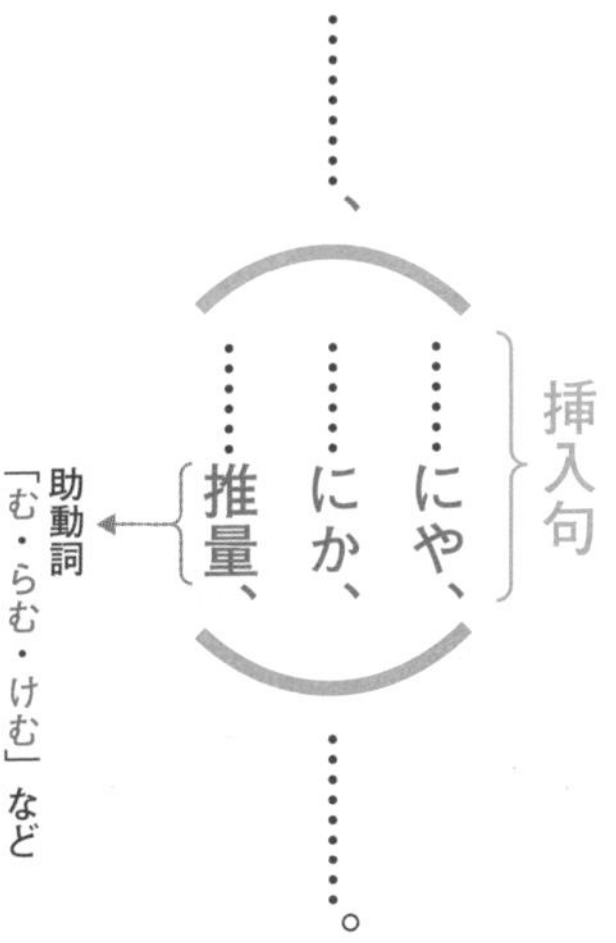

＊3 **地**《じ》**の文**…「　」の文以外で、ふつうに物事を述べている文のこと。

＊4 **心中**《しんちゅう》**表現文**…登場人物が**心の中**で思ったり言ったりしたことを**表現**した**文**（ふつう「　」は付かない）。**心中思惟**ともいう。

＊5 **会話文**…地の文に対して、実際に口に出して話された文のこと。通常は「　」が付いているが、付いていない場合もある。

＊6 **挿入句**《そうにゅうく》…地の文の中に挿入された、作者や話し手の疑問や意見のこと。読点（、）で区切って地の文に挟み込んでいるので、「ハサミコミ」ともいう。

＊7…この「と」は引用（〜と）を表す格助詞。基本的には、「**と思ふ**」なら心中表現文、「**と言ふ**」なら会話文であると考えましょう。「**思ふ**・**言ふ**」などの動詞は「敬語」になる場合もあるので注意。

例 思ふ→おぼす
言ふ→おほす・申す

❷語の識別

問題文にある傍線部を解釈する場合など、古文を正確に読解するためには、語をすべて一語ずつ「単語分け」して、その品詞・活用形・意味を**識別**する力をつけなければなりません。語を識別する際は、その語が**自立語**（の一部）なのか**付属語**なのかを区別してから考えます。識別では、**接続**と**活用**に注目するのが基本です。特に付属語の場合、**接続**が識別の決め手になります。

❶「に」の識別

自立語

- 静かに → Ⓐ形容動詞の連用形
- 死に・往に → Ⓑナ変の連用形
- つひに・つねに／よに・げに／まことに・いかに／ひとへに・ことに／さらに・すでに → Ⓒ副詞

付属語

- 連用形＋に（き／けり／たり／けむ） → Ⓓ完了の助動詞「ぬ」の連用形
- 連体形 → に、 → Ⓔ接続助詞「に」
- 連体形／体言 → にて、／にして、／に＋（係助詞）＋（ラ変動詞） → Ⓕ断定の助動詞「なり」の連用形
- 体言（場所）（連体形） → に → Ⓖ格助詞「に」「にて」

◆「レベル① 文法編」参照

識別の図や脚注は、『古文レベル別問題集① 文法編』からの抜粋です。文法を「ゼロ」から「最短距離」でマスターしたい人は「レベル①」をご一読ください。大学受験に必要な文法は、すべてその薄い一冊に記載されています。

「に」の識別法

Ⓐ…「に」の上に「か・ら・げ」の文字があれば、**形容動詞（ナリ活用）の連用形**の一部である場合が多い。

Ⓓ…「に」が**連用形**接続で、下に過去・完了の助動詞（き・けり・たり・けむ）が続けば、**完了の助動詞「ぬ」の連用形**。

Ⓕ…「に」が**連体形**か**体言**に接続して、下に接続助詞「て・して」や「**（係助詞）＋（ラ変）**」が続くとき、「に」は**断定の助動詞「なり」の連用形**。ただし、後ろの**係助詞**や**ラ変動詞**はどちらかが省略される場合も多いので注意。

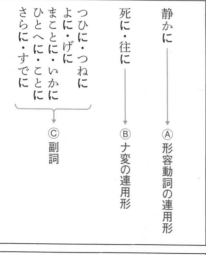

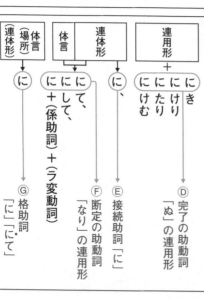

❷「なり」の識別

自立語

- 「か・ら・げ」（唐揚げ）の文字が多い → 静か**なり** → Ⓐ形容動詞
- 「と・く・う・に」（特ウニ）の文字が多い → 僧に**なり** → Ⓑ四段活用動詞「成る」の連用形

付属語（助動詞）

- 終止形／ラ変連体形（言ふ・聞く・伝ふ・鳴く など（聴覚に関する用言））＋**なり** → Ⓒ伝聞・推定
- 連体形／体言＋**なり** → Ⓓ断定
- 体言（場所・地名）＋**なり** → Ⓓ′存在

❸「なむ」の識別

自立語

死**なむ**
往《い》**なむ**
去《い》**なむ**
（ナ変＋推量）→ Ⓐナ変の未然形＋推量の助動詞「む」

付属語

- 未然形＋**なむ**。（句点）→ Ⓑ願望の終助詞
- 連用形＋**な**（強意）**む**（推量）→ Ⓒ強意の助動詞「ぬ」の未然形＋推量の助動詞「む」
- **なむ** … 動詞（係結び）→ Ⓓ係助詞

「なり」の識別法

ⒶⒷ…形容動詞は「なり」の上に「か・ら・げ」の文字があることが多い。動詞の「なり」の上には格助詞や形容詞の活用語尾（と・く・う・に）がくる場合が多い。

ⒸⒹ…**終止形**または**ラ変型に活用する語の連体形**に接続していればⒸ、（ラ変以外の）**連体形**または**体言**に接続していればⒹである。

※Ⓒの「なり」は、「言ふ・聞く」など「耳」に関する動詞の**終止形**に接続することが多い。

「なむ」の識別法

Ⓑ…**未然形**接続で下に「句点（。）」がある（文末にある）場合は終助詞「なむ」。

Ⓒ…助動詞「つ・ぬ」は主に**完了**の意味を表すが、下に**推量**の助動詞が付いた「**てむ・なむ・つべし・ぬべし**」の形はすべて「**強意＋推量**」（**きっと…だろう**）の意味になるので注意。「な」は**連用形**接続、「む」は**未然形**接続である点にも注目。

❹「ぬ」と「ね」の識別

「ぬ」の識別

- 未然形 ＋ **ぬ**（体言） → Ⓐ打消の助動詞「ず」の連体形
- 連用形 ＋ **ぬ**。 → Ⓑ完了の助動詞「ぬ」の終止形
- 連用形 ＋ **ぬ**べし／**ぬ**らむ／**ぬ**めり → Ⓒ強意の助動詞「ぬ」の終止形

「ね」の識別

- 未然形 ＋ **ね**ば、／**ね**ど、／**ね**ども、 → Ⓓ打消の助動詞「ず」の已然形
- 連用形 ＋ **ね**。 → Ⓔ完了の助動詞「ぬ」の命令形

❺「らむ」の識別

自立語

「ら」は自立語の一部

- 良か《ka》**らむ** → 形容詞の未然形＋「む」
- 静かな《na》**らむ** → 形容動詞の未然形＋「む」
- 取《to》**らむ** → 四段動詞の未然形＋「む」
- あ《a》**らむ** → ラ変動詞の未然形＋「む」
- な《na》**らむ** → 四段動詞の未然形＋「む」

（用言の未然形＋推量の助動詞 → Ⓐ）

断定の助動詞「なり」の未然形である場合もある。

付属語（助動詞）

- 「〜ウ《u》」終止形・ラ変連体形 ＋ **らむ** → Ⓑ現在推量の助動詞「らむ」の終止形または連体形
- 「〜エ《e》」サ変未然形・四段已然形 ＋ **ら**＋**む** → Ⓒ完了（存続）の助動詞「り」の未然形＋推量の助動詞「む」
- 未然形 ＋ **ざ《za》ら**＋**む** → Ⓓ打消の助動詞「ず」の未然形＋推量の助動詞「む」

「ぬ」と「ね」の識別法

Ⓐ…「ぬ」が**未然形**接続で**連体形**（下に体言がある）の場合。

ⒷⒸ…「ぬ」が**連用形**接続で**終止形**の場合。文末の「ぬ。」は、打消の助動詞「ず」が係結びで**連体形（ぬ）**になっている可能性もあるので注意。

Ⓒ…下に推量の助動詞が付いた「**ぬ**べし・**ぬ**らむ・**ぬ**めり」の「**ぬ**」。

Ⓓ…「ね」が**未然形**接続で**已然形**の場合。接続助詞「ば」「ど・ども」は**已然形**接続。

Ⓔ…連用形接続で命令形の場合。

「らむ」の識別法

Ⓑ…「らむ」が終止形かラ変連体形（＝直前の音は「〜ウ《u》」）に接続する場合。

Ⓒ…「らむ」がサ変未然形か四段已然形（「〜エ《e》」の音）に接続する場合。

Ⓐ…「らむ」が「〜ウ《u》・〜エ《e》」以外の音（＝「〜ア《a》・〜イ《i》・〜オ《o》」）に接続する場合。ただⒹの場合も時々あるので注意。

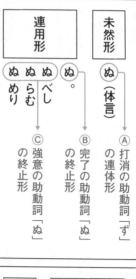

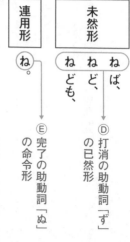

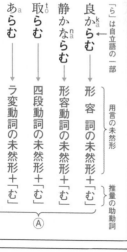

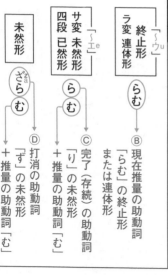

❻「し」の識別

自立語

美し → Ⓐ形容詞の終止形活用語尾

移して、 → Ⓑサ行四段活用動詞の連用形活用語尾

（接続助詞「て」）

読経して、 → Ⓒサ変動詞の連用形

付属語

連用形／サ変未然形（せ）カ変未然形（こ）＋し（体言） → Ⓓ過去の助動詞「き」の連体形

連用形＋して、 → Ⓔ接続助詞「して」の一部

し（も）動詞 → Ⓕ副助詞「し」（強意）

体言＋して → Ⓖ格助詞「して」の一部

「し」の識別法

Ⓓ…過去の助動詞「き」の連体形の「し」は、基本的には**連用形**に接続するが、**サ変とカ変の未然形（せ／こ）**にも接続して「**せし・せしか**／**こし・こしか**」という形を取ることもあるので要注意。

Ⓔ…連用形に接続する「**して、**」の「し」はほぼⒺ。接続助詞「して」は、**単純な接続**（…て）の用法を持ち、上には形容詞の連用形活用語尾（〜く）や助動詞「ず」の連用形（**ず**）がくることが多い。

Ⓕ…動詞の上にある「し（も）」は副助詞。

Ⓖ…**体言**に接続する「して」にはⒸとⒼがあるが、「（体言）**をする**」と訳せる場合はⒸ、訳せない場合はⒼである。

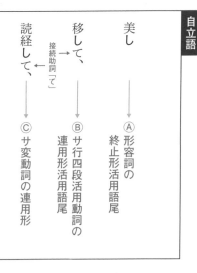

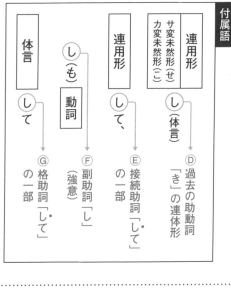

❸ 敬語の種類

【主な尊敬語】

最 ←最高敬語の印

最高敬語	頻出度	尊敬語	漢字表記	活用	通常語	訳し方（本動詞）
	★★★	たまふ	【給ふ】	ハ四	与ふ　やる	お与えになる・くださる （補助動詞の場合）「お～になる・～なさる」
	★	たぶ（たうぶ）	【賜ぶ・給ぶ】	バ四		
	★★	おはす	【御座す】	サ変	あり　をり 行く　来	いらっしゃる （補助動詞の場合）「～ていらっしゃる」
最	★★	おはします	【御座し坐す】	サ四		
		いまそがり	【在そがり】	ラ変		
	★★	のたまふ	【宣ふ】	ハ四	言ふ	おっしゃる
最	★	のたまはす	【宣はす】	サ下二		
	★★	おほす	【仰す】	サ下二		
	★★★	おぼす	【思す】	サ四	思ふ	お思いになる
		おもほす	【思ほす】	サ四		
	★	きこす	【聞こす】	サ四	聞く	お聞きになる
	★★	めす	【召す】＊1	サ四	飲む　食ふ 着る　乗る	お召しになる
最	★	あそばす	【遊ばす】	サ四	す	なさる
最	★★	ごらんず	【御覧ず】	サ変	見る	ご覧になる
最	★	おほとのごもる	【大殿籠る】	ラ四	寝　寝ぬ	お休みになる
	★	つかはす	【遣はす】	サ四	遣る	おやりになる

◆**補足説明**

＊1…「めす」が**補助動詞**の場合、敬意を含む動詞（敬語動詞）の**連用形**に付いて、**さらに敬意を高める（最高敬語にする）働き**をする。

例 おぼす＋**めす**→おぼし**めす**

例 きこす＋**めす**→きこし**めす**

※「見《め》す」だと「ご覧になる」と訳す場合がある。

＊2…「きこゆ【聞こゆ】」は、「**聞こえる・評判になる**」という意味のふつうの動詞として用いられる場合もあるので、文脈に注意。

＊3…「たてまつる」「まゐる」は主に**謙譲語**として使われるが、時々**尊敬語**（訳：**お召しになる**）としても用いられる。

＊4…「たまはる」は主に**謙譲語**として使われるが、時々「たまふ」と同じ意味の**尊敬語**（訳：**お与えになる**）としても用いられる。

【主な謙譲語】

絶…絶対敬語の印

頻出度	尊敬語	漢字表記	活用	通常語	訳し方（本動詞の場合）
★★★	まうす	【申す】	サ四	言ふ	申し上げる（補助動詞の場合「お～する・（お）～申し上げる」）
★★★	きこゆ	【聞こゆ】＊2	ヤ下二		
★	きこえさす 絶	【聞こえさす】	サ下二		
★★	そうす・けいす 絶	【奏す・啓す】	サ変		※「**奏す**」は**天皇**に対して、「**啓す**」は**中宮や皇太子**に対して「**申し上げる**」の意。どちらもサ変動詞なので注意。
★★★	たてまつる	【奉る】＊3	ラ四	与ふ やる	差し上げる・献上する（補助動詞の場合「お～する・（お）～申し上げる」）
★★★	まゐらす 絶	【参らす】	サ下二		
★★★	まゐる	【参る】＊3	ラ四	行く やる	参上する・差し上げる
★	まうづ	【詣づ】	ダ下二	行く	参上する・参詣する
★	まかる・まかづ	【罷る・罷づ】	ラ四	去る 出づ	退出する
★★	うけたまはる	【承る】	ラ四	聞く 受く	お聞きする・伺う・いただく
★	たまはる	【賜る】＊4	ラ四	受く	いただく・頂戴する
★★★	たまふ	【給ふ】＊5	ハ下二		～せていただく（～です／ます）

【主な丁寧語】

頻出度	尊敬語	漢字表記	活用	通常語	訳し方（本動詞の場合）
★★★	はべり	【侍り】	ラ変	あり をり	あります・おります＊6（補助動詞の場合）「～です／ます」
★★	さぶらふ（さうらふ）	【候ふ】	ハ四		

＊5…「給ふ」は**謙譲**の**補助動詞**として用いられる場合もあり、「**～です／ます**」または「**～せていただく**」と訳す。

例 主人の女ども多かりと聞き**給へ**て、（訳：主人の娘たちが多いと聞き**まして**（＝**お聞きして**））

※謙譲語の場合、活用は八行**下二段**活用（給［へ｜へ｜ふ｜ふる｜ふれ｜へよ］）になる。

※謙譲語の「給へ」は、次の形以外で使われている用例がない。

⑴「**会話文**」の中にある。

⑵「**聞き**給へ」「**覚え**給へ」「**見**給へ」「**思ひ**給へ」「**知り**給へ」という形である。これ以外の「給へ」はすべて**尊敬語**だと判断してよい。

＊6…「侍り・候ふ」は、**謙譲語**（本動詞）で「**お仕えする**」と訳す場合もある。

❹ 重要文学史一覧（平安～江戸時代）

赤太字＝入試最頻出　黒太字＝入試頻出　明朝体＝時々出題
※大学入試約1000題の集計結果より。字が大きいものほど頻出。赤太字と黒太字（の一部）を下欄にて解説。

西暦（年）	時代	説話／物語	日記・紀行文／随筆・評論（歌論）
七九四	平安	仏 日本霊異《りょうい》記（景戒《きょうかい》）	
八〇〇			
九〇〇		作 竹取物語（作者未詳） 歌 伊勢物語（作者未詳）	日 土佐日記（紀貫之《きのつらゆき》）
九五〇		歌 **大和《やまと》物語**（作者未詳）❶ 歌 **平中《へいちゅう》物語**（作者未詳） 作 **宇津保《うつほ》物語**（源順《したごう》？）❷ 作 **落窪《おちくぼ》物語**（作者未詳）❹	日 **蜻蛉《かげろう》日記**（藤原道綱母《みちつなのはは》）❸
一〇〇〇		作 **源氏《げんじ》物語**（紫式部）❺ 歴 **栄花《えいが》（栄華）物語**（赤染衛門《あかぞめえもん》／出羽弁《いでわのべん》）❽	随 **枕草子《まくらのそうし》**（清少納言《せいしょうなごん》）❻ 日 **和泉《いずみ》式部日記**（和泉式部）❼ 日 **紫式部日記**（紫式部）

大学入試頻出作品の概説

❶**大和物語**…天皇から遊女まで様々な主人公が登場。数々の和歌を使った恋愛話や、あわれ深い話が多い。

❷**宇津保物語**…全20巻の大長編。「宇津保」とは「洞《ほら》穴《あな》」の意。生活するすべを失った母子が洞穴で生活するシーンにちなむ。内容としては、琴の秘曲伝授・恋愛話・政治的紛争が語られる。

❸**蜻蛉日記**…上巻は夫・藤原兼家への愛と嫉妬が綴られるが、中巻・下巻では子・道綱への母性愛が綴られる。自己を客観視した記述も見られる。

❹**落窪物語**…いわゆる「継子《ままこ》いじめ」の話。虐待されていた継子の姫君が右近少将道頼に救い出され、継母方が少将に復讐されるという話。

❺**源氏物語**…全54帖の大長編物語（三部構成）。第一部は桐壺帝の皇子・光源氏の恋愛と栄華、第二部は光源氏の苦悩と崩落、第三部（＝宇治十帖）は光源氏の子（実は柏木の子）薫と光源氏の孫・匂宮の暗くもひたむきな恋愛を描く。当時の貴族社会の光と影を「もののあわれ」の情趣と共に写実的に描写した物語は、日本古典の最高峰とされる。

❻**枕草子**…「すさまじきもの」などのような物尽くしの章、「春はあけぼの」などに代表される自然・人事の感想を書いた章、作者と女房たちが仕えている中宮定子の回想記、の三つの章に分類される。

❼**和泉式部日記**…和泉式部と帥宮《そちのみや》敦道《あつみち》親王との1年にも満たない愛の日記。和歌も多く、歌物語に似た性格もある。歌は帥宮への贈答歌が中心。後に、和泉式部は女房として中宮彰子《しょうし》に仕えた。

一〇五〇

歴 **大鏡《おおかがみ》**（作者未詳）❾

作 **堤《つつみ》中納言物語**（作者未詳）

作 **浜松中納言物語**（菅原孝標女《たかすえのむすめ》？）❿

作 **夜《よる》［夜半《よわ》］の寝覚**（菅原孝標女《たかすえのむすめ》？）

作 **狭衣《さごろも》物語**（禖子《ばいし》内親王宣旨？）

日 **更級《さらしな》日記** ⓫（菅原孝標女《たかすえのむすめ》）

一一〇〇

世 **今昔《こんじゃく》物語集**（作者未詳）⓭

世 **古本《こほん》説話集**（作者未詳）

日 **讃岐典侍《さぬきのすけ》日記**（藤原長子）⓬

評 **俊頼髄脳《としよりずいのう》**（源俊頼《としより》）⓮

一一五〇

歴 **今鏡《いまかがみ》**（藤原為経《ためつね》？）⓯

作 **とりかへばや物語**（作者未詳）

←鎌倉時代に続く

❽**栄花（栄華）物語**…宇多天皇から堀河天皇までの約200年間の歴史。藤原道長の**栄華**を賛美。敬語に注意して人間関係を掌握しながら読解すること。

❾**大鏡**…文徳天皇から後一条天皇までの歴史とその他30人の列伝。『栄花物語』と違い、藤原道長の栄華を**批判的**に語る。（尊敬語の文以外の）主語のない文の主語は、語り手であることが多い。

❿**浜松中納言物語**…主人公である浜松中納言の、日本と唐にまたがる恋や転生を中心とした浪漫的な物語。作者は『更級日記』の菅原孝標女とされる。

⓫**更級日記**…東国（関東）から帰京した13歳のときから52歳まで、約40年間にわたる生涯の回想記。『源氏物語』に憧れた少女時代や、親しい人との死別など、その内容は様々。

⓬**讃岐典侍日記**…堀河天皇の発病から病死までの悲しい様子、それに続く幼い鳥羽天皇の即位などを素直に綴った日記。病気がちな貴人は堀河天皇、高貴な子供は鳥羽天皇と考えてよい。

⓭**今昔物語集**…千余りの説話から成り、天竺（インド）・震旦（中国）・本朝（日本）の三部門に分かれている。ほとんどの話が「今は昔」で始まっているので、説話であることに気づきやすい。

⓮**俊頼髄脳**…「気高く遠白き」（気品があって奥深い趣があること）を和歌の理想と説く。和歌の良し悪しについての論が多い。

⓯**今鏡**…後一条天皇から高倉天皇までの約150年の歴史を記す。敬語に注意して人間関係を掌握し、読解すること。『大鏡』『今鏡』『無名草子』の三つの作品は「語り手」が登場するので注意。

世＝世俗説話　仏＝仏教説話　作＝作り物語　歌＝歌物語　歴＝歴史物語　軍＝軍記物語　小＝小説　日＝日記・紀行文　随＝随筆　評＝評論（歌論）

西暦（年）	時代	説話／物語	日記・紀行文／随筆・評論（歌論）
一一八五 一二〇〇	鎌倉	歴 水鏡《みずかがみ》（中山忠親《ただちか》？） 仏 **発心集**《ほっしんしゅう》（鴨長明《かものちょうめい》）❷ 軍 保元《ほうげん》物語（作者未詳） 軍 平治《へいじ》物語（作者未詳） 軍 **平家物語**《へいけ》（信濃前司行長《しなのぜんじゆきなが》？）❹ 作 住吉物語《すみよし》（作者未詳） 世 **宇治拾遺物語**《うじしゅうい》（作者未詳）❺ 仏 閑居友《かんきょのとも》（慶政上人《けいせいしょうにん》？）❻ 世 今《いま》物語（藤原信実《のぶざね》）❼	評 **無名草子**《むみょうぞうし》（藤原俊成女《としなりのむすめ》？）❶ 評 無名抄《むみょうしょう》・方丈記《ほうじょうき》（鴨長明）❸ 日 **建礼門院右京大夫集**《けんれいもんいんうきょうのだいぶしゅう》（藤原伊行女《これゆきのむすめ》）
一二五〇		世 **十訓抄**《じっきんしょう》（作者未詳）❽ 世 古今著聞集《ここんちょもんじゅう》（橘成季《たちばなのなりすえ》）❾	日 東関《とうかん》紀行（作者未詳）
一三〇〇		仏 **沙石集**《しゃせきしゅう》（無住《むじゅう》）❿	日 十六夜《いざよい》日記・うたたね（阿仏尼《あぶつに》）⓫ 日 とはずがたり（後深草院二条《ごふかくさいんのにじょう》）⓬ 随 **徒然草**《つれづれぐさ》（兼好法師《けんこうほうし》）⓭

大学入試頻出作品の概説

❶**無名草子**…『源氏物語』など平安時代の様々な物語評をはじめ、小野小町・清少納言・紫式部などのすぐれた女性を、女性の立場で批評している。老尼と女房たちの対話形式であるため、語り手の存在を意識すること。

❷**発心集**…『**方丈記**』で有名な**鴨長明**が著した**仏教**説話集。仏道に入って俗世への執着を絶ったり、極楽往生を願うといった話が多い。各話には作者である鴨長明の感想（仏教的無常観）が付け加えられている。

❸**無名抄**…『方丈記』の鴨長明の歌論書。和歌に関する故実、歌人の逸話・語録、詠歌の心得などを記した随筆風の書。

※『方丈記』が入試で出題されることは極めて稀。

❹**平家物語**…平家一門の栄枯盛衰を描いた軍記物語。平家の栄華、（平清盛没後の）都落ち、滅亡、悲話など様々な内容。小説風にまとまった文庫本を1冊読んでおくと有利。

❺**宇治拾遺物語**…**仏教**説話を80話、**世俗**説話を120話ほど掲載。全体として教訓性・啓蒙性は薄く、破戒僧、盗賊、「こぶ取り爺さん」の話など、笑いやおかしみにまつわる庶民的な説話が多い。

❻**閑居友**…仏教説話集。作者自身の感想が色濃く表れている点が特異である。平家滅亡後の関係者の話（特に女性の説話）が頻出する。

❼**今物語**…短い説話（小話）53編からなる。和歌を中心とした「みやび」の世界を織りなす逸話や、貴族社会の裏話や失敗談などの世俗説話が収録されている。

一三三六　室町

- 歴 **増鏡《ますかがみ》**（二条良基《よしもと》？）⑭
- 軍 **太平記**（小島法師？）
- 軍 **曽我《そが》物語**（作者未詳）
- 軍 **義経記《ぎけいき》**（作者未詳）

一四〇〇

- 作 **御伽草子《おとぎぞうし》**（作者未詳）
- 評 **風姿花伝《ふうしかでん》**（世阿弥《ぜあみ》）

一五〇〇

一五七三　安土桃山

一六〇〇　江戸

- 小 **好色一代男**・
- 小 **好色五人女**・
- 小 **日本永代蔵**・
- 小 **世間胸算用**（井原西鶴《さいかく》）
- 評 **奥《おく》の細道《ほそみち》**（松尾芭蕉）
- 評 **去来抄《きょらいしょう》**（向井去来《むかいきょらい》）

一六五〇

一七〇〇

- 小 **雨月《うげつ》物語**（上田秋成《うえだあきなり》）
- 評 **玉勝間《たまかつま》**（本居宣長《もとおりのりなが》）⑮
- 小 **東海道中膝栗毛《ひざくりげ》**（十返舎一九《じっぺんしゃいっく》）
- 評 **花月草紙《かげつそうし》**（松平定信《さだのぶ》）

一八〇〇

- 小 **南総里見八犬伝《なんそうさとみはっけんでん》**（滝沢馬琴《たきざわばきん》）

⑧**十訓抄**…約280話の**世俗**説話を十編に分類して掲載している。インド・中国・日本の説話の中から教訓的なものが集めてある。

⑨**古今著聞集**…約700話の**世俗**説話が年代順に収められてある。平安貴族社会に対する強い憧憬の念が見られる。『今昔物語集』、『宇治拾遺物語』、そしてこの作品が「三大説話」とされる。

⑩**沙石集**…庶民を仏教に帰依させる方便として約120編の**仏教**説話を集めたもので、10巻からなる。仏教の教理をわかりやすく説く仏教説話、和歌説話、笑話など、内容は多彩を極める。

⑪**うたたね**…『十六夜日記』で有名な歌人、阿仏尼のもう一つの日記。若い頃、失恋し、出家求道の旅に出た日々のことを書き記す。

⑫**とはずがたり**…作者の14歳から49歳にいたるまでの自伝的日記。前半は、寵愛を受けた後深草院（上皇）との愛欲の日々や、数々の男性との恋愛を赤裸々に綴り、後半は出家求道の日々を記した。

⑬**徒然草**…兼好法師（吉田兼好）による、無常を生きる知恵の集大成。自然観照・人間論・処世論など内容は多岐にわたる。『枕草子』『方丈記』『徒然草』の三つを合わせて三大随筆とよぶ。

⑭**増鏡**…後鳥羽天皇生誕から後醍醐天皇の隠岐からの帰還まで、15代約150年間の史書。『大鏡』『今鏡』『水鏡』と共に四鏡の一つで、「鏡物」最後の作。

⑮**玉勝間**…本居宣長の歌論や芸術論。著者の博学ぶりや、学問に対する真剣な姿勢を知ることができる。

世＝世俗説話　仏＝仏教説話　作＝作り物語　歌＝歌物語　歴＝歴史物語　軍＝軍記物語　小＝小説　日＝日記・紀行文　随＝随筆　評＝評論（歌論）

【訂正のお知らせはコチラ】 ▶▶▶

本書の内容に万が一誤りがございました場合は，東進 WEB 書店（https://www.toshin.com/books/）の本書ページにて随時お知らせいたしますので，こちらをご確認ください。☞

大学受験 レベル別問題集シリーズ

古文レベル別問題集④ 中級編

発行日：二〇二二年一一月三〇日　初版発行
　　　　二〇二四年　二月二二日　第2版発行

著　者：富井健二

発行者：永瀬昭幸
発行所：株式会社ナガセ
〒180-0003　東京都武蔵野市吉祥寺南町一-二九-二
出版事業部（東進ブックス）
TEL：0422-70-7456／FAX：0422-70-7457
※東進ブックスの情報は「東進WEB書店 <www.toshin.com/books>」をご覧ください。

編集担当：八重樫清隆

制作協力：紫草学友舎　佐廣美有
編集主幹：山下芽久
本文イラスト：松井文子
装丁・DTP：東進ブックス編集部
印刷・製本：シナノ印刷㈱

Printed in Japan　ISBN978-4-89085-916-0　C7381

東進ブックス

東進の合格の秘訣が次ページに

合格の秘訣1

全国屈指の実力講師陣

東進の実力講師陣 数多くのベストセラー参考書を執筆!!

東進ハイスクール・東進衛星予備校では、そうそうたる講師陣が君を熱く指導する!

本気で実力をつけたいと思うなら、やはり根本から理解させてくれる一流講師の授業を受けることが大切です。東進の講師は、日本全国から選りすぐられた大学受験のプロフェッショナル。何万人もの受験生を志望校合格へ導いてきたエキスパート達です。

英語

雑誌『TIME』やベストセラーの翻訳も手掛け、英語界でその名を馳せる実力講師。

宮崎 尊先生
[英語]

爆笑と感動の世界へようこそ。「スーパー速読法」で難解な長文も速読即解!

渡辺 勝彦先生
[英語]

100万人を魅了した予備校界のカリスマ。抱腹絶倒の名講義を見逃すな!

今井 宏先生
[英語]

本物の英語力をとことん楽しく！日本の英語教育をリードするMr.4Skills.

安河内 哲也先生
[英語]

関西の実力講師が、全国の東進生に「わかる」感動を伝授。

慎 一之 先生
[英語]

全世界の上位5%(PassA)に輝く、世界基準のスーパー実力講師!

武藤 一也先生
[英語]

いつのまにか英語を得意科目にしてしまう、情熱あふれる絶品授業!

大岩 秀樹先生
[英語]

数学

予備校界を代表する講師による魔法のような感動講義を東進で!

河合 正人先生
[数学]

「ワカル」を「デキル」に変える新しい数学は、君の思考力を刺激し、数学のイメージを覆す!

松田 聡平先生
[数学]

論理力と思考力を鍛え、問題解決力を養成。多数の東大合格者を輩出!

青木 純二先生
[数学]

数学を本質から理解し、あらゆる問題に対応できる力を与える珠玉の名講義!

志田 晶先生
[数学]

国語

ビジュアル解説で古文を簡単明快に解き明かす実力講師。

富井 健二先生
[古文]

東大・難関大志望者から絶大なる信頼を得る本質の指導を追究。

栗原 隆先生
[古文]

明快な構造板書と豊富な具体例で必ず君を納得させる！「本物」を伝える現代文の新鋭。

西原 剛先生
[現代文]

「脱・字面読み」トレーニングで、「読む力」を根本から改革する！

輿水 淳一先生
[現代文]

文章で自分を表現できれば、受験も人生も成功できますよ。「笑顔と努力」で合格を！

石関 直子先生
[小論文]

幅広い教養と明解な具体例を駆使した緩急自在の講義。漢文が身近になる！

寺師 貴憲先生
[漢文]

縦横無尽な知識に裏打ちされた立体的な授業に、グングン引き込まれる！

三羽 邦美先生
[古文・漢文]

理科

「いきもの」をこよなく愛する心が君の探究心を引き出す！生物の達人。

飯田 高明先生
[生物]

「なぜ」をとことん追究し「規則性」「法則性」が見えてくる大人気の授業！

立脇 香奈先生
[化学]

化学現象を疑い化学全体を見通す"伝説の講義"は東大理三合格者も絶賛。

鎌田 真彰先生
[化学]

正しい道具の使い方で、難問が驚くほどシンプルに見えてくる！

宮内 舞子先生
[物理]

地歴公民

世界史を「暗記」科目だなんて言わせない。正しく理解すれば必ず伸びることを一緒に体感しよう。

加藤 和樹先生
[世界史]

"受験世界史に荒巻あり"と言われる超実力人気講師！世界史の醍醐味を。

荒巻 豊志先生
[世界史]

つねに生徒と同じ目線に立って、入試問題に対する的確な思考法を教えてくれる。

井之上 勇 先生
[日本史]

歴史の本質に迫る授業と、入試頻出の「表解板書」で圧倒的な信頼を得る！

金谷 俊一郎先生
[日本史]

「今」を知ることは「未来」の扉を開くこと。受験に留まらず、目標を高く、そして強く持て！

執行 康弘先生
[公民]

政治と経済のメカニズムを論理的に解明しながら、入試頻出ポイントを明確に示す。

清水 雅博先生
[公民]

わかりやすい図解と統計の説明に定評。

山岡 信幸先生
[地理]

どんな複雑な歴史も難問も、シンプルな解説で本質から徹底理解できる。

清水 裕子先生
[世界史]

WEBで体験

東進ドットコムで授業を体験できます！
実力講師陣の詳しい紹介や、各教科の学習アドバイスも読めます。
www.toshin.com/teacher/

合格の秘訣2

基礎から志望校対策まで 合格に必要なすべてを網羅した 学習システム

映像によるIT授業を駆使した最先端の勉強法

高速学習

一人ひとりのレベル・目標にぴったりの授業

東進はすべての授業を映像化しています。その数およそ1万種類。これらの授業を個別に受講できるので、一人ひとりのレベル・目標に合った学習が可能です。1.5倍速受講ができるほか自宅からも受講できるので、今までにない効率的な学習が実現します。

1年分の授業を最短2週間から1カ月で受講

従来の予備校は、毎週1回の授業。一方、東進の高速学習なら毎日受講することができます。だから、1年分の授業も最短2週間から1カ月程度で修了可能。先取り学習や苦手科目の克服、勉強と部活との両立も実現できます。

現役合格者の声

東京大学 文科一類
早坂 美玖さん
東京都 私立 女子学院高校卒

私は基礎に不安があり、自分に合ったレベルから対策ができる東進を選びました。東進では、担任の先生との面談が頻繁にあり、その都度、学習計画について相談できるので、目標が立てやすかったです。

先取りカリキュラム

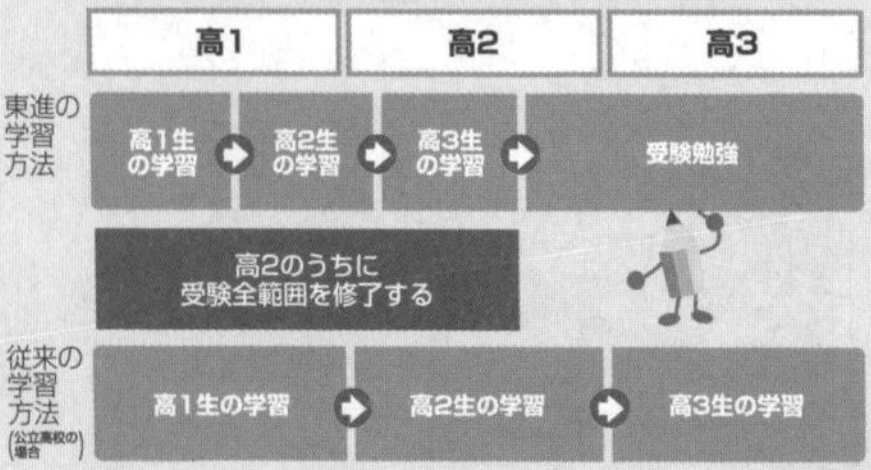

目標まで一歩ずつ確実に

スモールステップ・パーフェクトマスター

自分にぴったりのレベルから学べる 習ったことを確実に身につける

高校入門から最難関大までの12段階から自分に合ったレベルを選ぶことが可能です。「簡単すぎる」「難しすぎる」といったことがなく、志望校へ最短距離で進みます。

授業後すぐに確認テストを行い内容が身についたかを確認し、合格したら次の授業に進むので、わからない部分を残すことはありません。短期集中で徹底理解をくり返し、学力を高めます。

現役合格者の声

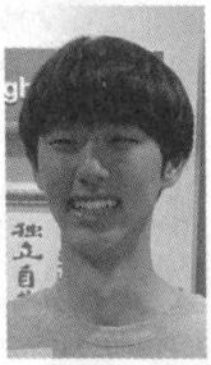

東北大学 工学部
関 響希くん
千葉県立 船橋高校卒

受験勉強において一番大切なことは、基礎を大切にすることだと学びました。「確認テスト」や「講座修了判定テスト」といった東進のシステムは基礎を定着させるうえでとても役立ちました。

パーフェクトマスターのしくみ

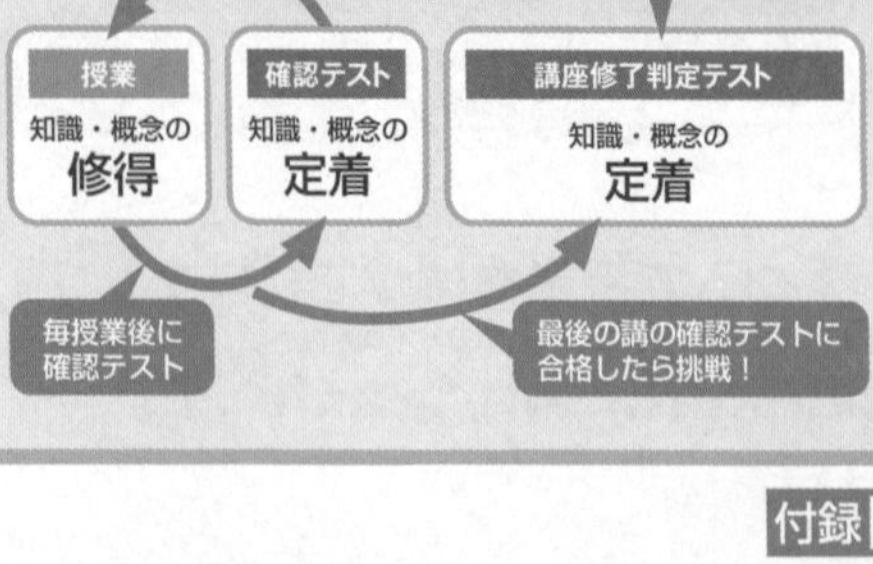
合格したら次の講座へステップアップ

徹底的に学力の土台を固める

高速マスター基礎力養成講座

高速マスター基礎力養成講座は「知識」と「トレーニング」の両面から、効率的に短期間で基礎学力を徹底的に身につけるための講座です。英単語をはじめとして、数学や国語の基礎項目も効率よく学習できます。オンラインで利用できるため、校舎だけでなく、スマートフォンアプリで学習することも可能です。

現役合格者の声

早稲田大学 基幹理工学部
曽根原 和奏さん
東京都立 立川国際中等教育学校卒

演劇部の部長と両立させながら受験勉強をスタートさせました。「高速マスター基礎力養成講座」はおススメです。特に英単語は、高3になる春までに完成させたことで、その後の英語力の自信になりました。

東進公式スマートフォンアプリ

東進式マスター登場！

（英単語／英熟語／英文法／基本例文）

スマートフォンアプリでスキマ時間も徹底活用！

1）スモールステップ・パーフェクトマスター！

頻出度（重要度）の高い英単語から始め、1つのSTAGE（計100語）を完全修得すると次のSTAGEに進めるようになります。

2）自分の英単語力が一目でわかる！

トップ画面に「修得語数・修得率」をメーター表示。自分が今何語修得しているのか、どこを優先的に学習すべきなのか一目でわかります。

3）「覚えていない単語」だけを集中攻略できる！

未修得の単語、または「My単語（自分でチェック登録した単語）」だけをテストする出題設定が可能です。すでに覚えている単語を何度も学習するような無駄を省き、効率良く単語力を高めることができます。

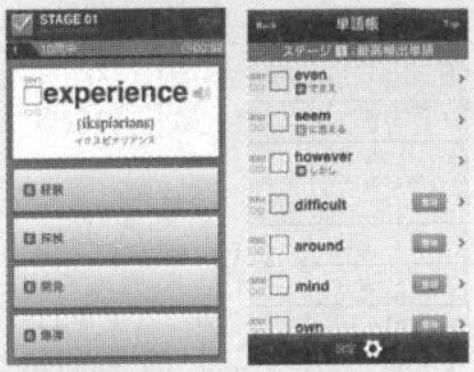

- 共通テスト対応 英単語1800
- 英文法 750
- 共通テスト対応 英熟語750
- 英語基本 例文300

「共通テスト対応英単語1800」
2023年共通テストカバー率99.8%！

君の合格力を徹底的に高める

志望校対策

第一志望校突破のために、志望校対策にどこよりもこだわり、合格力を徹底的に極める質・量ともに抜群の学習システムを提供します。従来からの「過去問演習講座」に加え、AIを活用した「志望校別単元ジャンル演習講座」、「第一志望校対策演習講座」で合格力を飛躍的に高めます。東進が持つ大学受験に関するビッグデータをもとに、個別対応の演習プログラムを実現しました。限られた時間の中で、君の得点力を最大化します。

現役合格者の声

京都大学 法学部
山田 悠雅くん
神奈川県 私立 浅野高校卒

「過去問演習講座」には解説授業や添削指導があるので、とても復習がしやすかったです。「志望校別単元ジャンル演習講座」では、志望校の類似問題をたくさん演習できるので、これで力がついたと感じています。

志望校合格に向けた最後の切り札

第一志望校対策演習講座

第一志望校の総合演習に特化し、大学が求める解答力を身につけていきます。対応大学は校舎にお問い合わせください。

東進×AIでかつてない志望校対策

志望校別単元ジャンル演習講座

過去問演習講座の実施状況や、東進模試の結果など、東進で活用したすべての学習履歴をAIが総合的に分析。学習の優先順位をつけ、志望校別に「必勝必達演習セット」として十分な演習問題を提供します。問題は東進が分析した、大学入試問題の膨大なデータベースから提供されます。苦手を克服し、一人ひとりに適切な志望校対策を実現する日本初の学習システムです。

大学受験に必須の演習

過去問演習講座

1. 最大10年分の徹底演習
2. 厳正な採点、添削指導
3. 5日以内のスピード返却
4. 再添削指導で着実に得点力強化
5. 実力講師陣による解説授業

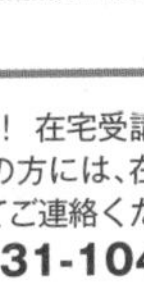

東進で勉強したいが、近くに校舎がない君は…

東進ハイスクール
在宅受講コースへ

「遠くて東進の校舎に通えない……」。そんな君も大丈夫！ 在宅受講コースなら自宅のパソコンを使って勉強できます。ご希望の方には、在宅受講コースのパンフレットをお送りいたします。お電話にてご連絡ください。学習・進路相談も随時可能です。

0120-531-104

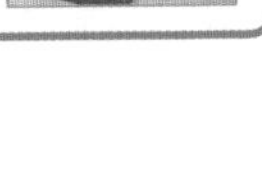

東進模試

学力を伸ばす模試

本番を想定した「厳正実施」
統一実施日の「厳正実施」で、実際の入試と同じレベル・形式・試験範囲の「本番レベル」模試。
相対評価に加え、絶対評価で学力の伸びを具体的な点数で把握できます。

12大学のべ42回の「大学別模試」の実施
予備校界随一のラインアップで志望校に特化した"学力の精密検査"として活用できます(同日・直近日体験受験を含む)。

単元・ジャンル別の学力分析
対策すべき単元・ジャンルを一覧で明示。学習の優先順位がつけられます。

最短中5日で成績表返却 WEBでは最短中3日で成績を確認できます。※マーク型の模試のみ

合格指導解説授業 模試受験後に合格指導解説授業を実施。重要ポイントが手に取るようにわかります。

2023年度

東進模試 ラインアップ

共通テスト対策

- 共通テスト本番レベル模試 …… 全4回
- 全国統一高校生テスト〈全学年統一部門〉〈高2生部門〉〈高1生部門〉 …… 全2回

同日体験受験

- 共通テスト同日体験受験 …… 全1回

記述・難関大対策

- 早慶上理・難関国公立大模試 全5回
- 全国有名国公私大模試 …… 全5回
- 医学部82大学判定テスト …… 全2回

基礎学力チェック

- 高校レベル記述模試〈高2〉〈高1〉 …… 全2回
- 大学合格基礎力判定テスト …… 全4回
- 全国統一中学生テスト〈全学年統一部門〉〈中2生部門〉〈中1生部門〉 …… 全2回
- 中学学力判定テスト〈中2生〉〈中1生〉 …… 全4回

※ 2023年度に実施予定の模試は、今後の状況により変更する場合があります。
最新の情報はホームページでご確認ください。

大学別対策

- 東大本番レベル模試 …… 全4回
- 高2東大本番レベル模試 全4回
- 京大本番レベル模試 …… 全4回
- 北大本番レベル模試 …… 全2回
- 東北大本番レベル模試 …… 全2回
- 名大本番レベル模試 …… 全3回
- 阪大本番レベル模試 …… 全3回
- 九大本番レベル模試 …… 全3回
- 東工大本番レベル模試 …… 全2回
- 一橋大本番レベル模試 …… 全2回
- 神戸大本番レベル模試 …… 全2回
- 千葉大本番レベル模試 …… 全1回
- 広島大本番レベル模試 …… 全1回

同日体験受験

- 東大入試同日体験受験 …… 全1回
- 東北大入試同日体験受験 …… 全1回
- 名大入試同日体験受験 …… 全1回

直近日体験受験 …… 各1回

- 京大入試 直近日体験受験
- 北大入試 直近日体験受験
- 阪大入試 直近日体験受験
- 九大入試 直近日体験受験
- 東工大入試 直近日体験受験
- 一橋大入試 直近日体験受験

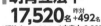

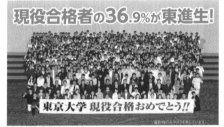

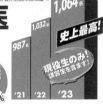

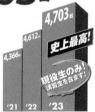

※2023年4月現在

【助詞】一覧表

※赤文字部分はすべて覚えましょう。

格助詞

▼体言に付き、その体言の文中での位置づけをする。

接続	助詞	用法
体言(体)	が の	①主格(～が) ②連体格(～の) ③同格(～で) ④準体格(～のもの) ⑤比喩(～のような・～のように)
	して	①方法・手段(～で) ②使役の対象(～に〔命じて〕) ③動作の共同者(～と〔共に〕)
	にて	①場所・時(～で・～のときに) ②手段・方法・材料(～で) ③原因・理由(～ので)
	を	①対象(～を) ②起点(～から) ③経由(～を通って)
	に	①場所(～に) ②時(～に) ③対象・相手(～に) ④原因・理由(～により) ⑤変化の結果(～に) ⑥比較の基準(～に・～より) ⑦強調
	へ	①方向(～へ・～に)
	と	①相手・共同者(～と) ②変化の結果(～と・～に) ③引用(～と) ④並列(～と～と) ⑤比較の基準(～と・～と比べて)
	より	①起点(～から) ②経由(～を通って) ③方法・手段(～で) ④比較(～よりも) ⑤即時(～するやいなや) ⑥原因・理由(～ので)
	から	①起点(～から) ②経由(～を通って) ③方法・手段(～で) ④原因・理由(～によって)

未＝未然形／用＝連用形／終＝終止形／体＝連体形／已＝已然形／命＝命令形

接続助詞

▼主に活用語に接続して、前後の文をつなぐ。

接続	助詞	用法
体	を に が	①単純な接続(…〔する〕と・…ところ・…が) ②逆接の確定条件(…だが) ③順接の確定条件【原因・理由】(…ので)
	ものの ものを ものから ものゆゑ	①逆接の確定条件(…だが) ←「ものの」はこの意味のみ ②原因・理由(…ので)
未	ば	①順接の仮定条件(〔もし〕…ならば)
已	ば	①順接の確定条件 (a)原因・理由(…ので) (b)偶然・必然(…すると)
未	で	①打消接続(…ないで)
用	て して	①単純な接続(…て・…で)
	つつ	①反復・継続(…しては) ②同時(…しながら)
	ながら	①逆接の確定条件(…だが・…ながら) ②同時(…しながら) ③継続(…のまま)
形用 動終	とも	①逆接の仮定条件(…しても)
已	ど ども	①逆接の確定条件(…だが・…だけれども)

【問題編】目次

第1問 問題 QUESTION

説話『発心集』

次の文章を読んで、設問に答えなさい。

（日本女子大学）

解答時間	20分
目標得点	40/50点
学習日	／
解答頁	P.10

1 西行法師出家しける時、跡をば、弟《おとと》なりける男《をのこ》に言ひ付けたりけるに、いとけなき女子《によし》の殊にかなしうしけるを、さすがに見捨てがたく、Aいかさまにせんと思へども、うしろやすかるべき人も覚えざりければ、なほこの弟のぬしの子にして、いとほしみすべきよし、ねんごろに言ひおきけり。

2 かくて、ここかしこ修行してありく程に、Bはかなくて、二三年になりぬ。事の便りありて、京の方へめぐり来たりけるついでに、ありしこの弟が家を過ぎけるに、きと思ひ出でて、「さても、ありし子は五つばかりにはなりぬらん。いかやうにか生ひなりたるらん」とおぼつかなく覚えて、かくとは言はねど、門のほとりにて見入れける折節、この娘いとあやしげなる帷子（注1）姿にて、げす（注2）の子どもにまじりて、土にをりて立蔀（注3）の際《きは》にて遊ぶ。髪はゆふゆふと肩の程に帯びて、かたちもすぐれ、Cたのもしき様なるを、それよと見るに、きと胸つぶれて、Dいとくちをしく見立てるほどに、この子の、我が方を見おこせて、「いざなん。聖のある、おそろしきに」とて内へ入りにけり。

3 この事、思はじと思へど、さすがに心にかかり日ごろ経るほどに、もしかやうの事をや知り聞かれけん、九条民部卿の御女《おんむすめ》に、冷泉殿と聞こえける人は、母（注4）にゆかりありて、「我が子にして、いとほしみせん」とねんごろに(ア)言はれければ、「人柄もいやしからず、いと良きこと」とて急ぎ渡してげり。

4 本意《ほい》のごとく、またなき者にかなしうせられければ、心安くて(イ)年月を送る間に、この子十五六ばかりになりて後、このとり母の弟（注5）のむかへ腹の姫君に、播磨三位家明と聞こえし人を聟《むこ》に取られけるに、若き女房など尋ね求むるに、「やがてこの姉君も上臈（注6）にて、一つ所なるべければ、便りもあるべし。E親などもさるものなり」とて、この子を取り出でて、わらは（注7）なんせさせける。

5 西行、この事を漏れ聞きて、F本意ならず覚えけるにや、この家近く行きて、かたはらなる小家に立ち入りて、人を語らひて、忍びつつ呼ばせけり。娘、いとあやしくは覚えけれども、ことさまを聞くに、「我が親こそ、聖になりてありと聞きしか。さらでは、誰《たれ》かは我を呼び出でん」と思ふに、「G日ごろ、見でや止みなんと心憂かりつるを、もしさらばいみじからん」と覚えて、やがて使ひに具して、人にも知られず(ウ)出でにけり。

（『発心集』より）

（注）
1 帷子《かたびら》——裏地をつけない着物
2 げす——身分の低い者

3　立部《たてじとみ》――細い木を格子状に組んで裏に板を張ったもの

4　母――娘の母、つまり西行の妻。

5　とり母の弟のむかへ腹の姫君――養母である冷泉殿の妹で、九条民部卿の正妻を母とする姫君。人物関係は左図のようになる。

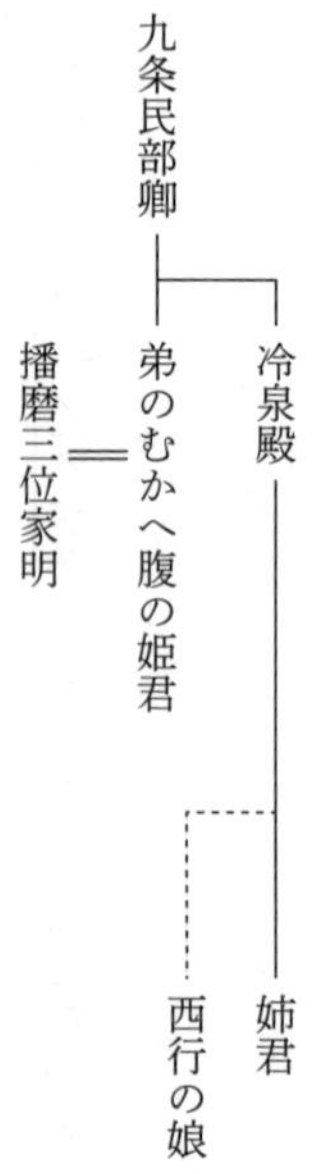

6　上臈《じやうらふ》――上臈女房。身分の高い女官。

7　わらは――召使い

問1　傍線部A「いかさまにせんと思へども、うしろやすかるべき人も覚えざりければ」の意味として、最も適当なものを、次の中から一つ選べ。（5点）

① 娘をなんとか出家させようと思うけれど、信頼できる師匠も思い浮かばなかったので
② どうしても出家したいと思うけれど、心安く修行ができるとも思われなかったので
③ うまくとりつくろおうと思うけれど、家に残る娘がどう思うかわからなかったので
④ 娘をどのようにしようと思うけれど、安心して預けられる人も思い浮かばなかったので

問2　傍線部B「はかなくて」、C「たのもしき様」の意味として、最も適当なものを、次の中からそれぞれ一つずつ選べ。（3点×2）

B「はかなくて」
① あっという間に
② 修行の成果もなく
③ 不本意なことに
④ 悲しいことに

C「たのもしき様」
① 裕福そうな様子
② 気が強そうな様子
③ 頼りがいのある様子
④ 将来が楽しみな様子

問3　傍線部D「いとくちをしく」とあるが、なぜ西行はこのように感じたのか。その理由を答えよ。（5点）

問4　波線部(ア)「言はれければ」、(イ)「年月を送る」、(ウ)「出でにけり」の動作主体は誰か。最も適当なものを、次の中からそれぞれ一つずつ選べ。（4点×3）

①西行　②西行の妻　③冷泉殿　④西行の弟　⑤西行の娘

問5　傍線部E「親などもさるものなり」を現代語訳せよ。（6点）

問6　傍線部F「本意ならず覚えけるにや」とあるが、なぜ西行はそのように思ったのか。その理由として、最も適当なものを、次の中から一つ選べ。（5点）

①冷泉殿にいずれは出家させてもらえると思っていた娘が、いつまでも姉君と一緒に育てられているから。
②冷泉殿の養女として上臈女房になってもおかしくない立場の娘が、召使いとして軽く扱われているから。
③冷泉殿が養女となった娘に冷たく当たり、実の父親である自分からの手紙さえも届けてくれないから。
④冷泉殿のもとで姉君と一緒に仏道修行に励まねばならない娘が、上臈女房の暮らしに憧れているから。

問7　傍線部G「日ごろ、見でや止みなんと心憂かりつるを、もしさらばいみじからん」を、「さらば」の示す内容を明らかにしながら現代語訳せよ。（8点）

問8　『発心集』の編者が執筆した作品を次の中から一つ選べ。（3点）

①徒然草　②方丈記　③十六夜日記　④無名草子　⑤池亭記

物語『大鏡』

解答時間	目標得点	学習日	解答頁
20分	40／50点	／	P.20

次の文章は『大鏡』の一節で、夏山繁樹《しげき》という老人が語る場面である。これを読み、後の問いに答えなさい。（名城大学）

いとをかしうあはれにはべりしことは、この天暦《てんりやく》の御時に、［Ⅰ］の御前の梅の木の枯れたりしかば、求めさせたまひしに、なにがしぬし(a)の蔵人《くらうど》にていますがりし時、承りて、「若き者どもは(2)え見知らじ。(注1)きむぢ求めよ」と(i)のたまひしかば、一京《ひときやう》まかり歩《あり》きしかども、侍《はべ》らざりしに、西京のそこそこなる家に、色濃く咲きたる木(b)の(注2)様体うつくしきが侍りしを、(ii)掘り取りしかば、家あるじの、「木にこれ結《ゆ》ひつけて持て参れ」と言はせ給《たま》ひしかば、(3)あるやうこそはとて、持て参りてさぶらひしを、「なにぞ」とて御覧じければ、女の手にて書きて侍りける、

勅なれば(4)いともかしこしうぐひす(c)の宿はと問はばいかが答へむ

とありけるに、あやしく思《おぼ》し召して、「何者の家ぞ」と(iii)たづねさせ給ひければ、［Ⅱ］のぬしの御女《みむすめ》の住む所なりけり。「遺恨のわざをもしたりけるかな」とて、(注3)あまえおはしましける。繁樹、(注4)今生の辱号は、これや侍りけむ。さるは、「思ふやうなる木持て参りたり」とて、(5)衣《きぬ》かづけられたりしも、(6)からくなりにき。

（『大鏡』より）

(注) 1 きむぢ――おまえ。
2 様体《やうだい》――姿かたち。
3 あまえ――きまり悪がって。
4 今生《こんじやう》の辱号《ぞくがう》――生涯中の恥辱の評判。

問1 波線部(a)「なにがしぬしの蔵人にていますがりし」・(b)「色濃く咲きたる木の様体うつくしき」・(c)「うぐひすの宿はと問はば」の三つの「の」の用法についての説明として最も適当なものを、次の中から一つ選べ。(2点×3)

① (a)と(b)が同じ用法　② (a)と(c)が同じ用法　③ (b)と(c)が同じ用法
④ (a)・(b)・(c)三つとも同じ用法　⑤ (a)・(b)・(c)三つとも異なる用法

問2 二重傍線部(i)「のたまひしかば」・(ii)「掘り取りしかば」・(iii)「たづねさせ給ひければ」の主語として最も適当なものを、次の中からそれぞれ一つ選べ(同じものを何回選んでもよい)。(3点×3)

① 夏山繁樹　② 家あるじ　③ なにがしぬし　④ 若き者ども　⑤ 天暦の時代の天皇

問3 傍線部(1)「天暦の御時」とはどの天皇の時代か。最も適当なものを、次の中から一つ選べ。(3点)

① 醍醐《だいご》天皇　② 一条天皇　③ 村上天皇　④ 堀河天皇　⑤ 鳥羽《とば》天皇

問4 空白部 [I] に入る常の天皇の居所を表す語を、次の中から一つ選べ。(3点)

① 弘徽殿《こきでん》　② 登華殿《とうかでん》　③ 仁寿殿《じじゅうでん》　④ 後涼殿《こうりょうでん》　⑤ 清涼殿《せいりょうでん》

問5　傍線部(2)「え見知らじ」の意味として最も適当なものを、次の中から一つ選べ。（5点）
①ふさわしい木を探すことを、引き受けはしないだろう。
②すばらしい木を探すすべを、持ってはいないはずだ。
③どんな木を探して来るか、とうてい見当もつかない。
④どんな木がよいか、見分けることはできないだろう。
⑤どんな木を探すかわからないので、まかせられない。

問6　傍線部(3)「あるやうこそは」の意味として最も適当なものを、次の中から一つ選べ。（4点）
①あらかじめ予想していたとおりだ　②この上なくありがたいことだ
③帝《みかど》に意味をお尋ねしよう　④何かわけでもあるのだろう
⑤帝に事情をお話ししよう

問7　傍線部(4)「いともかしこし」の意味として最も適当なものを、次の中から一つ選べ。（4点）
①ますますありがたいことです　②まことに恐れ多いことです
③まさに時節に合っております　④全くどうしようもありません
⑤非常にすばらしいことです

問8　空白部 Ⅱ に入る『土佐日記』の作者の名（ここでは姓名の「名」の方）を、次の中から一つ選べ。（3点）
①貫之《つらゆき》　②兼好《けんこう》　③長明《ちょうめい》　④業平《なりひら》　⑤宣長《のりなが》

2

問9　傍線部(5)「衣かづけられたりし」の説明として最も適当なものを、次の中から一つ選べ。(6点)

①繁樹が天皇の思いどおりの木を持って来たということで、天皇から褒美の衣類をもらったということ。
②家あるじが天皇の思いどおりの木を献上したということで、天皇から褒美の衣類をもらったということ。
③繁樹が自分自身の考えで素晴らしい木を持って来たということで、天皇が感激して衣類を与えたということ。
④家あるじが天皇を思い立派な木を献上したということで、天皇が感激して衣類を与えたということ。
⑤なにがしぬしが機転を利かして立派な木を献上したということで、天皇から褒美の衣類をもらったということ。

問10　傍線部(6)「からくなりにき」の直前に現代語で言葉を補う場合、文脈上最も適当なものを、次の中から一つ選べ。(3点)

①もちろん　②案の定　③あらかじめ　④とりもなおさず　⑤かえって

問11　『大鏡』の説明として正しくないものを、次の中から一つ選べ。(4点)

①歴史物語の一つで紀伝体で書かれている。
②対話形式で書かれ、その語り手の中心は老人である。
③司馬遷《しばせん》の『史記』にならった物語で、平安時代の成立である。
④語り手は夏山繁樹のほか、大宅世継《おおやけのよつぎ》である。
⑤『今鏡』と同じく、藤原道長《ふじわらのみちなが》の栄華を描いている。

物語『平家物語』

解答時間
20分
目標得点
40 50点
学習日
／
解答頁
P.28

次の文章は、平家滅亡後、捕らえられて京都へ連行された総大将・平宗盛（大臣殿）が、幼い子息・副将（若君）としばらくぶりに対面する場面を記したものである。これを読んで、後の問いに答えよ。

（法政大学）

1 若君《わかぎみ》ははるかに父を見奉り給ひて、よに嬉しげにおぼしたり。「いかに、これへ」とのたまへば、やがて御《おん》膝《ひざ》のうへに参り給ふ。大臣殿《おほいどの》、若君の御ぐしをかきなで、涙をはらはらと流いて、守護の武士どもにのたまひけるは、「これは、おのおの聞き給へ、母もなき者にてあるぞとよ。この子が母は、これを産むとて、産《さん》をば平らかにしたりしかども、(1)やがてうち臥して悩みしが、『いかなる人の腹に公達《きんだち》をまうけ給ふとも、思ひかへずして育てて、わらはが形見に(a)御覧ぜよ。さし放つて、乳母《めのと》なんどのもとへつかはすな』と言ひしことが不憫《ふびん》さに、あの右衛門督(注)をば、朝敵をたひらげん時は大将軍せさせ、これをば副将軍Aせさせんずればとて、名を副将と付けたりしかば、X 嬉しげに思ひて、すでに限りの時までも、名を呼びなんどして愛せしが、七日といふにはかなくなりてあるぞとよ。この子を見るたびごとには、そのことがB忘れがたくおぼゆるなり」とて、涙もせきあへ給はねば、守護の武士どもも皆、袖をぞ絞りける。右衛門督も泣き給へば、乳母も袖を絞りけり。やや久しくあつて大臣殿、「さらば副将、とく帰れ。嬉しう見つ」とのたまへども、若君帰り給はず。右衛門督これを見て、涙をおさへてのたまひけるは、「やや副将御前《ごぜ》、今宵《こよひ》はとくとく帰れ。ただいま客人《まらうど》の来うずるぞ。明日は急ぎ参れ」とのたまへども、父の御浄衣《おんじやうえ》の袖にひしと取り付いて、「いなや帰らじ」とこそ泣き給へ。

2　かくてはるかに程ふれば、日もやうやう暮れにけり。(2)さてしもあるべきことならねば、乳母の女房抱《いだ》き取つて御車に乗せ(b)奉り、二人の女房どもも袖を顔に押し当てて、泣く泣く暇《いとま》申しつつ、ともに乗つてぞ出でにける。大臣殿はうしろをはるかに御覧じ送つて、「(3)日頃の恋しさはことの数ならず」とぞ悲しみ給ふ。

（『平家物語』より）

（注）右衛門督《うゑもんのかみ》――平清宗。宗盛の長男で、副将の兄。

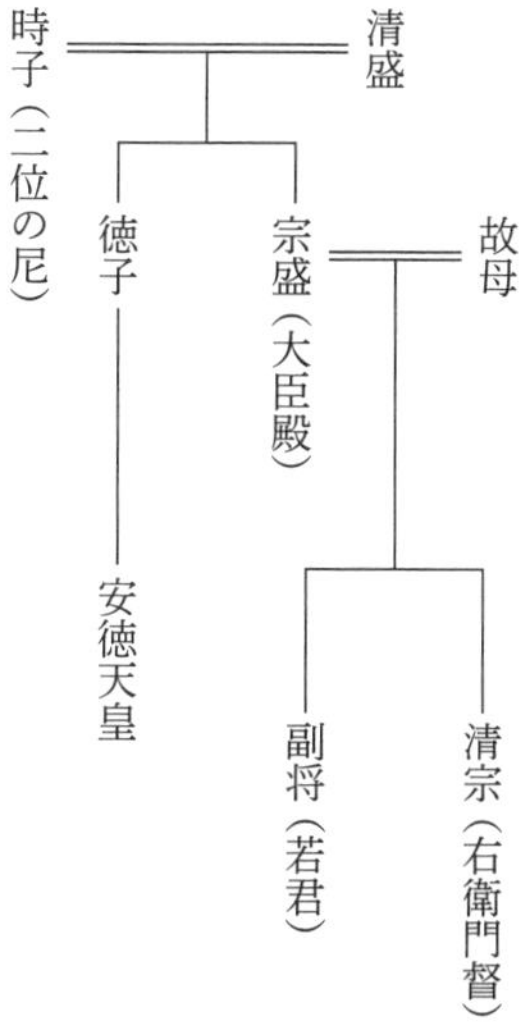

問1　傍線部(1)「やがてうち臥して悩みし」を現代語訳せよ。（8点）

問2　二重傍線部(a)「御覧ぜよ」・(b)「奉り」は誰に対する敬意を示しているか。最も適当なものを、次の中からそれぞれ一つずつ選べ。（3点×2）

㋐宗盛　㋑副将　㋒副将の母
㋓公達　㋔乳母　㋕清宗

問3　波線部A「せさせんずれば」・B「忘れがたくおぼゆるなり」の文法的説明として最も適当なものを、次の中からそれぞれ一つずつ選べ。（4点×2）

A　せさせんずれば

㋐動詞＋助動詞（尊敬）＋助動詞（意志）＋助動詞（打消）＋助詞
㋑動詞＋助動詞（意志）＋助動詞（打消）＋助詞
㋒動詞＋助動詞（使役）＋助動詞（意志）＋助詞
㋓動詞＋補助動詞＋助動詞（意志）＋助詞
㋔助動詞（使役）＋助動詞（意志）＋助詞

B　忘れがたくおぼゆるなり

㋐動詞＋形容詞＋動詞＋助動詞（受け身）＋助動詞

㋑動詞＋動詞＋助動詞（自発）＋助動詞（伝聞）
㋒動詞＋動詞＋助動詞（完了）＋助動詞（断定）
㋓動詞＋形容詞＋動詞＋助動詞（伝聞）
㋔動詞＋形容詞＋動詞＋助動詞（断定）

問4　空欄 X には「甚だしく」の意味をもつ語が入る。その語として最も適当なものを、次の中から一つ選べ。（4点）

㋐あたら　㋑こころづきなく　㋒すずろに
㋓なのめならず　㋔やんごとなく

問5　傍線部(2)「さてしもあるべきことならねば」の解釈として最も適当なものを、次の中から一つ選べ。（6点）

㋐いつまでも日は沈むのを待ってくれるというわけでもないから
㋑いつまでも人々は宗盛と副将とともに暮らしてゆきたいと思ったが
㋒いつまでも宗盛は副将の世話ができるはずもなかったので
㋓いつまでも宗盛も副将も生きていられる状況ではなかったので
㋔いつまでも副将を宗盛のもとに留めておくわけにもゆかないから

問6　傍線部(3)「日頃の恋しさはことの数ならず」の解釈として最も適当なものを、次の中から一つ選べ。(7点)

㋐今日の副将との別れがあまりにもつらく思われ、これまで副将と会った回数も忘れてしまうほどだ

㋑日々副将に会いたいと恋しく思ってきたけれど、これからはその思いがますます強まることであろう

㋒これまで副将に会えず恋しく思ってきたが、それは今日の別れのつらさに比べるとたいしたものではない

㋓これまで副将と会えず、恋しく思ってきたつらさに、さらに今日の別れのつらさが加わることになった

㋔副将と会えず、つらい思いをしてきたことはたびたびあったが、今はその数も数えきれないほどだ

問7　本文の内容に合致するものを、次の中から一つ選べ。(8点)

㋐妻と死別して長い年月を過ごした宗盛は、副将と会い、これまで記憶の彼方にあったその母の遺言を思い出し、悲しみを新たにした。

㋑臨終が近づいた副将の母は、宗盛の許しを得て愛するわが子に副将という名前を付け、安らかな心のうちに死を迎えた。

㋒宗盛の子である清宗と副将は、幼いときから大将軍・副将軍として育てられ、源氏との合戦の際にもその地位で出陣した。

㋓副将の母と宗盛をめぐるエピソードを聞いた警護の武士たちは、宗盛の優しさを知り、次第に彼に対して心を開いていった。

㋔副将の母は、宗盛が他の夫人との間に子をなすことは容認していたが、副将のことは宗盛自ら養育することを懇願した。

問8　『平家物語』とは異なる時代に成立した文学作品を、次の中から一つ選べ。（3点）

㋐今昔物語集　㋑宇治拾遺物語　㋒新古今和歌集
㋓金槐和歌集　㋔方丈記

第4問題 QUESTION

日記『讃岐典侍日記』

次の文章は、筆者が病床にある堀河天皇のお世話をする場面である。文章を読んで、後の問いに答えなさい。

（高崎経済大学）

解答時間
20分
目標得点
40／50点
学習日
／
解答頁
P.38

1 おどろかせたまへる御まみなど、日ごろの[A]経るままに、弱げに見えさせたまふ。おほとのごもりぬる御けしきなれど、われは、ただまもりまゐらせて、おどろかせたまふらんに、みな寝入りてとおぼしめさば、ものおそろしくぞおぼしめす、ありつるおなじさまにてありけるとも御覧ぜられんと思ひて、見まゐらすれば、御目弱げにて御覧じあはせて、「いかにかくは寝ぬぞ」とおほせらるれば、御覧じ知るなめりと思ふも、堪へがたくあはれにて、「三位の御もとより、『さきざきの御心地のをりも、御かたはらに常にさぶらふ人の見まゐらするがよきに、よく見まゐらせよ。をりあしき心地を病みて参らぬが、わびしきなり』」と申せど

[X] ぞ続けやらぬ。

2 「せめて苦しくおぼゆるに、[B]かくしてこころみん。やすまりやする」とおほせられて、御枕がみなるしる（注1）しの箱を、御胸のうへに置かせたまひたれば、まことにいかに堪へさせたまふらんと見ゆるまで、御胸のゆるぐさまぞ、ことのほかに見えさせたまふ。御息も、たえだえなるさまにて聞こゆ。顔も見苦しからんと思

へど、かくおどろかせたまへるをりにだに、もの参らせこころみんとて、顔に手をまぎらはしながら、御枕がみに置きたる御かゆやひるなどを、もしやとくくめまゐらすれば、すこし召し、また大殿ごもりぬ。

3
明けがたになりぬるに、鐘の音聞こゆ。明けなんとするにやと思ふに、いとうれしく、やうやう鳥の声など聞こゆ。朝ぎよめの音など聞くに、明けはてぬと聞こゆれば、よし、例の、人たちおどろきあはれなば、かはりてすこし寝入らん、と思ふに、御格子参り大殿油まかでなどすれば、やすまんと思ひて単衣を引き被くを御覧じて、引き退けさせたまへば、なほな寝そと思はせたまふなめりと思へば、起き上がりぬ。大臣殿の三位、「昼は御前をばたばからん。やすませたまへ」とあれば、おりぬ。待ちつけて、「われも、強くてこそ、あつかひまゐらせたまはめ」といふ。なかなか、かくいふからに、堪へがたき心地ぞする。

（『讃岐典侍日記』「新編日本古典文学全集」より　一部改変）

（注）しるしの箱――三種の神器の一つである八尺瓊勾玉（やさかにのまがたま）の納めてある箱。三種の神器とは、天皇の皇位の象徴であり、皇室を守護するものであった。

問1　傍線部A「経る」の漢字の読みをひらがなで書け。（5点）

問2　空欄部 X に入る適当なひらがな一字を書け。（5点）

問3　傍線部B「かくしてこころみん」とは何をどうしたのか。それがわかる部分を二十字以上三十字以内で抜き出し、最初の五字を書け。（8点）

問4　傍線部C「おどろかせたまへるをり」を現代語に訳せ。（10点）

問5　傍線部D「召し（召す）」が表す動作と合致するものを、次の中から一つ選べ。（5点）

㋐治める　㋑着る　㋒食べる　㋓乗る　㋔見る　㋕呼ぶ

問6　傍線部E「大殿ごもりぬ。」の意味として適当なものを、次の中から一つ選べ。（6点）

㋐寝殿にお入りになった。　㋑明かりをおつけになった。
㋒はっとお気づきになられた。　㋓天皇はお眠りになった。
㋔お付きの者を遠ざけた。　㋕大殿はおこもりになった。

問7　傍線部F「たばからん。」の意味として適当なものを、次の中から一つ選べ。（6点）

㋐互いに脇にはさみましょう。　㋑あざむいてだましましょう。
㋒他の場所へと移しましょう。　㋓あれこれ陰謀をめぐらせましょう。
㋔なんとか方法を工夫しましょう。　㋕どうすべきかを天皇と相談しましょう。

問8　『讃岐典侍日記』より以前に書かれた作品を、次の中から**二つ**選べ。（5点）

㋑十六夜日記　㋺枕草子　㋩雨月物語
㋥太平記　㋭大和物語　㋬新古今和歌集

第5問題 QUESTION

日記『和泉式部日記』

次の文章を読んで、後の問に答えなさい。

（日本大学）

解答時間
20分
目標得点
40／50点
学習日
／
解答頁
P.46

〔女（作者和泉式部）は、宮（敦道親王）と交際しているが、まだお互いの気持ちをはかりかねている。女は、宮に手紙を送る〕

樋洗童(注1)して、「右近の尉(注2)にさし取らせて来《こ》」とてやる。御前に人々して、御物語しておはしますほどなりけり。(ア)人まかでなどして、右近の尉さしいでたれば、「例の車に装束せさせよ」とて、おはします。女は、まだ端に月ながめてゐたるほどに、A人の入り来れば、簾《すだれ》うちおろしてゐたれば、例のたびごとに目馴《な》れてあらぬ御姿にて、御直衣《なほし》などの(イ)いたうなえたるしも、をかしう見ゆ。ものものたまはで、ただ御扇に文を置きて、「御使の取らでまゐりにければ」とて、さしいでさせたまへり。女、もの聞こえむにもほど遠くて(ウ)びんなければ、扇をさしいでて取りつ。(1)宮も上りなむとおぼしたり。前栽《せんざい》のをかしきなかに歩かせたまひて、「人は草葉の露(注3)なれや」などのたまふ。いとなまめかし。近う寄らせたまひて、「今宵はまかりなむよ。たれに忍びつるぞと、見あらはさむとてなむ。明日は物忌と言ひつれば、なからむもあやしと思ひてなむ」とて帰らせたまへば、

(2)こころみに雨も降らなむ宿すぎて空行く月の影やとまると

B人の言ふほどよりもこめきて、あはれにおぼさる。

（『和泉式部日記』より）

（注）

1　樋洗童《ひすましわらは》――女の身の回りの世話をする少女。

2　右近《うこん》の尉《じよう》――宮の近臣。

3　人は草葉の露なれや――「わが思ふ人は草葉の露なれやかくれば袖のまづしをるらむ」『拾遺和歌集』よみ人知らずの第二・三句。

問1　波線部(ア)〜(ウ)の文中での意味として最も適当なものを、次の中からそれぞれ一つずつ選べ。（4点×3）

(ア)
① 人々の中にまぎれてしまって
② 人々が退出などしてから
③ 人々の中にまぎれさせて
④ 人々を退出させなさって

(イ)
① とても着なれて柔らかくなっている
② とても着飾って美しくみえている
③ とても着ふるし見なれない様子である
④ とても着なれず気張っている様子である

(ウ)
① どうするか決めかねて
② 具合が悪いので
③ 手が届かないので
④ 他に人がいないので

問2　波線部(1)「宮も上りなむ」の「なむ」と文法上同じものはどれか。最も適当なものを一つ選べ。（5点）

① 今宵はまかりなむよ　② 見あらはさむとてなむ
③ あやしと思ひてなむ　④ 雨も降らなむ

問3　二重傍線部「歩かせたまひて」の「せ」の文法上の説明として最も適当なものを一つ選べ。（5点）

① 使役の助動詞の連用形　② サ変動詞の活用語尾
③ 尊敬の助動詞の連用形　④ 過去の助動詞の未然形

問4　傍線部A・Bの「人」は、それぞれ次の誰に当たるか。最も適当なものをそれぞれ一つずつ選べ。（6点×2）

①女　②宮　③周囲の人々
④樋洗童　⑤女の家族　⑥右近の尉

問5　問題文中の(2)の和歌の説明として、最も適当なものはどれか。次の中から一つ選べ。（8点）

①自分の家を訪れてくれた宮を歓迎する気持ちを和歌に託している。
②自分に冷たい態度をとる宮をなじる気持ちを和歌に託している。
③立ち去ろうとする宮を引き留めたいという気持ちを和歌に託している。
④まだ宮を受け入れる気持ちにはならないことを和歌に託している。

問6　『和泉式部日記』の成立は、次の(a)、(b)、(c)、(d)のうち、どこに位置するか。正しいものを選び、(a)〜(d)の記号で答えよ。（8点）

(a)→『土佐日記』→(b)→『蜻蛉日記』→(c)→『更級日記』→(d)→『讃岐典侍日記』

5

随筆『徒然草』

次の文を読み、後の問に答えよ。（明治学院大学）

1 相模守時頼の母は、松下禅尼とぞ申しけ [1] 。守《かみ》を入れ申さるることありけるに、すすけたるあかりさうじのやぶればかりを、禅尼手づから、小刀してきりまはしつつ張られければ、兄《せうと》の城介義景《じやうのすけよしかげ》、その日の経《けい》営《めい》して候ひけるが、「賜はりて、なにがし男に張らせ候はむ。さやうのことに(1)心得たる者に候」と申されければ、「その男、尼が細工によもまさり侍らじ」とて、なほ一間《ひとま》づつ張られけるを、義景、「(2)皆を張りかへ候はむは、はるかにたやすく候べし。まだらに候も見ぐるしくや」と、かさねて申されければ、「尼も、後はさはさはと張りかへむと思へども、けふばかりは、わざとかくてあるべきなり。物は破れたる所ばかりを修理《すり》して用ゐることぞと、若き人に見ならはせて、心つけむためなり」と申されける、いとありがたかりけり。

2 世をさむる道、 [2] を本とす。女性《によしやう》なれども聖人の心に通へり。(3)天下をたもつ程の人を子にて持たれける、誠に、 [3] 人にはあらざりけるとぞ。

（『徒然草』より）

問1　空欄 1 に入るひらがな一字を書け。（4点）

問2　傍線部(1)「心得たる者」とは、どのような者か。解答欄に合わせ漢字二字で答えよ。（5点）

解答欄「□□な者」

問3　傍線部(2)の義景による再度の申し出「皆を張りかへ候はむは、はるかにたやすく候べし。まだらに候も見ぐるしくや」に対して、禅尼はどのように考えているのか。次の文章の空欄A〜Cに言葉を補え。（5点×3）

禅尼は、義景の申し出を A と思っているが、今日は、若い人に「修理《すり》して用ゐること」の大切さを、語り聞かせるのではなく、 B ようとして、あえて C のである。

問4　空欄 2 に入る最も適切な語を次から選び、記号で答えよ。（3点）

㋑ 辛抱　㋺ 清貧　㋩ 清楚　㋥ 倹約　㋭ 勤勉

問5　傍線部(3)「天下をたもつ程の人」とは誰のことか。（5点）

問6　空欄[3]に入るひらがな二字を答えよ。（6点）

問7　『徒然草』の筆者が、禅尼に抱く思いはどのようなものか。次の中から最も適当なものを一つ選べ。（7点）

㋑たくみに障子を張る、禅尼の器用さに感心している
㋺他者に頼らず、自分自身でやろうとする禅尼の自立心に感心している
㋩何気ないことにおける、禅尼の教育的配慮に感心している
㋥他者の言葉に振り回されない、禅尼の芯の強さに感心している
㋭日常生活において、女性らしい禅尼の心掛けに感心している

問8　『徒然草』の成立時代に最も近い年代に成立した作品はどれか。次の中から一つ選べ。（5点）

㋑古今和歌集　㋺枕草子　㋩去来抄　㋥太平記　㋭古事記

第1回

問題 QUESTION

歌論『俊頼髄脳』

次の文章を読み、後の問いに答えなさい。

（日本大学）

天の河うき木(注1)にのれるわれなれや　(1)ありしにもあらず世はなりにけり

これは、昔、采女(注2)なりける人を、たぐひなくおぼしけり。例ならぬ事ありて、さとにいでたりける程に、忘れさせ給ひにけり。心地《ここち》よろしくなりて(2)いつしかと、参りたりけるに、昔も似ず見えければ、うらめしと思ひて、まかりいでて、たてまつりける歌なり。本文(注3)なり。漢武帝の時に、張騫《ちやうけん》といへる人を召して、「天の河の、みなかみ尋ねてまいれ」と、遣《つかは》しければ、浮き木にのりて、河のみなかみ尋ねゆきければ、見も知らぬ所に、行きてみれば、(3)常に見る人にはあらぬさましたるものの、機《はた》をあまたたてて、布を織りけり。また、知ら(a)ぬ翁《おきな》ありて、牛をひかへて、立てり。「これは、天の河といふ所なり。この人々は、たなばたひこぼしといへる人々なり。さては、我は、いかなる人ぞ」と、問ひければ、「みづからは、張騫といへる人なり。宣旨ありて、河のみなかみ、尋ねてきたる(b)なり」と、答ふれば、「これこそ、河のみなかみよ」といひて、「今は帰り(c)ね」といひければ、帰り(d)にけり。さて、参りたりければ、「尋ね得たりや」と、問はせ給ひければ、「尋ねたりつれば、たなばたひこぼしなど、牛をひかへ、たなばたは機を織りて、これなむ、河のみなも

解答時間
20分
目標得点
40 / 50点
学習日
／
解答頁
P.60

と、と申しつれば、それより帰り参りたる」と、**X**ける。所のさまの、ありしにもあらず、変《かは》りたりければ、Aそのよしを聞きて、かく詠めるなり。この歌を、(4)みかど御覧じて、あはれとやおぼしけむ、もとのやうに、かた時もたちさらず思召《おぼしめ》しけり。その後、いくばくも経ずして、うせ給ひにけり。塚のうちに、をさめたてまつりける時に、この采女、生きながらこもりにけり。その御陵《みささぎ》を、いけごめの御陵とて、薬師寺の西に、いくばくものかであり。まことにや、張騫帰り参らざるさきに、(注4)天文の者の参りて、七月七日に、「今日、天の河のほとりに、知らぬ星いできたり」と**Y**ければ、あやしびおぼしけるに、この事を聞こし召してこそ、Bまことに尋ねいきたりけると、おぼしめしけり。

（『俊頼髄脳』より　一部改変）

（注）
1　うき木――浮木。いかだのこと。
2　采女《うねめ》――天皇に奉仕した後宮の女官。
3　本文なり――ここでは「この歌の典拠は次のことである」という意。
4　天文の者――天文・気象に関する現象を観察し、吉凶を占う役目の者。

問1　傍線部の解釈として最も適当なものを、次の各群の中からそれぞれ一つずつ選べ。（4点×4）

(1)「ありしにもあらず世はなりにけり」
① 前とは全く違った関係になってしまったよ
② 昔のことがわからない世の中になりそうだよ
③ 前世とは全く関係のない世の中になってしまったよ
④ 生前にはあり得なかった関係になったことだよ

(2)「いつしかと、参りたりけるに」
① いつかきっとと期待して、参内したところ
② いつのまにか、参内してしまったときに
③ 心待ちにして早く、参内したのに
④ 少しでも早く、参内したかったのに

(3)「常に見る人にはあらぬさましたるものの」
① いつも見る人とは限らないような者が
② いつも見ている人ではないというものの
③ いつも見る人とは異なる様子をしている者が
④ いつも見る人ではない様子をしているけれども

(4)「みかど御覧じて、あはれとやおぼしけむ」

① 帝にご覧にいれても、かわいそうとは思われなかっただろう
② 帝にご覧にいれたら、心動かされる思いをなさっただろうか
③ 帝がご覧になって、情趣があるとお思いになるだろうか
④ 帝がご覧になって、哀れとお思いになったのだろうか

問2 波線部の助動詞(a)「ぬ」・(b)「なり」・(c)「ね」・(d)「に」について、文法的意味として正しい組み合わせになっているものを、次の①〜④から一つ選べ。(5点)

① (a) 完了　(b) 伝聞　(c) 打消　(d) 断定
② (a) 完了　(b) 断定　(c) 完了　(d) 断定
③ (a) 打消　(b) 伝聞　(c) 打消　(d) 完了
④ (a) 打消　(b) 断定　(c) 完了　(d) 完了

問3 空欄X・Yには同じ敬語が入るが、最も適当なものを、次の中から一つ選べ。(5点)

① 申し　② 奏し　③ のたまひ　④ きこしめし

7

問4　傍線部A「そのよしを聞きて、かく詠めるなり」は、采女の詠んだ「天の河」の歌について筆者の解説にあたるが、「そのよし」の具体的内容として最も適当なものを、次の中から一つ選べ。(7点)

① 張騫が天の河の上流を調べてこいという武帝の命に従い、忠誠心から勇気を出して前人未踏の地を探検したという挿話。

② 天の河の上流を知りたいという武帝の願いを聞いて張騫が行き着いた所は、人々が平和に暮らす理想郷であったという寓話。

③ 天の河の上流を調べるという任務を終えて張騫が帰った武帝の宮廷では、張騫が忘れられた存在になっていたという史実。

④ 張騫が武帝の命により派遣された天の河の上流は見知らない世界で、張騫のいた世界とはまるで違っていたという故事。

問5　傍線部B「まことに尋ねいきたりけると、おぼしめしけり」とあるが、武帝は天文の者の報告をどのように理解したということか、その内容として最も適当なものを、次の中から一つ選べ。(6点)

① 天の河のそばに出現した未知の星は、そこを訪ねた張騫本人であった。

② 天の河のほとりに七月七日に出現した星は、張騫の出会った翁である。

③ 七月七日に出会うという織姫と彦星の伝説は、本当にあった話である。

④ 天の河で発見された新しい星は、帝を追って死んだ采女にちがいない。

問6　本文の内容と合致するものを、次の中から一つ選べ。（6点）

① 帝は采女が病気になって里帰りしている間に崩御して薬師寺の西に埋葬された。
② 張騫は天の河上流で見聞きしたことを天文の者に報告したが武帝は不審に思った。
③ 采女は帝に忘れられて宮中を退出したが歌をきっかけにもとのように寵愛された。
④ 張騫と采女は宮廷で帝に仕え浮き木に乗った経験があるという共通点があった。

問7　出典の『俊頼髄脳』は平安時代の歌論書であるが、平安時代に成立した歌集を、次の中から一つ選べ。（5点）

① 金槐和歌集　② 後撰和歌集　③ 新古今和歌集　④ 万葉集

第8回 問題 QUESTION

歌論『無名抄』

解答時間 20分 目標得点 40/50点 学習日 ／ 解答頁 P.70

次の文を読んで、後の問に答えよ。（駒澤大学）

静縁法師（注1）、自らが歌を語りていはく、

「鹿《しか》の音を聞くにわれさへ(1)泣かれぬる谷の庵《いほり》は住み憂かりけり

とこそつかうまつりて侍れ。(2)これ、いかが侍る。」といふ。予いはく、

「よろしく侍り。ただし、『泣かれぬる』といふ詞《ことば》こそ、あまりこけ過ぎて、(3)いかにぞや聞え侍れ。」とい

ふを、静縁いはく、

「その詞をこそこの歌の詮《せん》とは思う給ふるに、この難は、ことの外に覚え侍り。」とて、いみじうわろく難

ずと思ひ気《げ》にて去りぬ。よしなく覚ゆるままに物をいひて、(4)心すべかりける事を、と悔しく思ふほどに、十

日ばかりありて、また来りていふやう、

「一日《ひとひ》の歌難じ給ひしを、かくれごとなし、心得ず思う給へて、いぶかしく覚え侍りしままに、さはいへど

も大夫公（注2）のもとに行きてこそ、(5)わが僻事《ひがごと》を思ふか、人のあしく難じ給ふか、ことをば切らめ（注3）と思ひて、行

きて語り侍りしかば、『何でふ御房のかかるこけ歌よまんぞとよ。〝泣かれぬる〟とは何事ぞ。まさなの（注4）心根

や』となんはしたなめられて侍りし。されば、よく難じ給ひけり。われあしく心得たりけるぞと、おこたり申しにまうでたるなり。」といひて、帰り侍りにき。(6)心の清さこそありがたく侍れ。

（『無名抄』より）

（注）1　静縁《じやうえん》法師――比叡山の僧。『千載和歌集』に歌が二首入る。
2　大夫公――東大寺の僧、歌人俊恵のこと。長明の歌の師匠。
3　切らめ――決めよう。決定しよう。
4　まさな――よくない。

問1　傍線部(1)の「泣かれぬる」の意味を記せ。（6点）

問2　傍線部(3)・(4)・(5)の各語句の意味として、それぞれ㋐〜㋓の中から正しいものを一つ選べ。（5点×3）

(3)「いかにぞや聞え侍れ」
㋐どうも意外に思われます
㋑どうも難点があると思われます
㋒どういうふうに聞えるでしょうか
㋓どういうことなのかよく聞き取れません

(4)「心すべかりける事を」
㋐十分注意すべきであったものを
㋑相手の気持がよく理解できなかったので
㋒不注意で相手に恨みをかってしまったので
㋓相手に気に入られるようにすべきであったものを

(5)「わが僻事を思ふか」
㋐私のまちがいだと思うか
㋑私が被害者だと思っているのか
㋒私のひがみ心でそう思っているのか
㋓私がまちがったことを思っているのか

問3　傍線部(2)で「これ、いかが侍る」と静縁が言っているが、心中どう思っていて言ったことばだと思うか。次の中から正しいものを一つ選べ。（6点）

㋐自分ではどんな出来だかわからないので、長明に聞こうと思っている
㋑自分ではまあまあ良い出来だと思うのだが、しかしもう一歩かなと思っている
㋒自分では秀作だと思っているこの作品を、長明はどういうか試そうと思っている
㋓自分では秀作だと思っているので、長明も必ず良い作品だと言うはずだと思っている

問4　二重線「この難」の最も中心となる部分を文中に探し、原文のままぬき出して記せ。（8点）

問5　傍線部(6)「心の清さこそありがたく侍れ」と言って結んでいるが、どういう点が〝ありがたい〟のか。簡潔に述べよ。（10点）

問6　次の作品の中から、鴨長明の作品をすべて選べ。（5点）

①古事談　②十訓抄　③沙石集　④発心集
⑤徒然草　⑥閑居友　⑦方丈記　⑧雑談集

第9回 問題 QUESTION

随筆『玉勝間』

解答時間
20分
目標得点
40 / 50点
学習日
／
解答頁
P.76

次の文章は、本居宣長が兼好法師の『徒然草』について書いたものである。これを読んで後の問いに答えなさい。

（成城大学）

兼好法師が詞の(1)あげつらひ

兼好法師が徒然草に、(2)花は盛りに、月はくまなきをのみ見る物かはとかいへるは、いかにぞや。古《いにしへ》の歌どもに、花は盛りなる、月はくまなきを見たるよりも、(3)花のもとには、風をかこち、月の夜は、雲をいとひ、あるは(4)待ち惜しむ心づくしを詠めるぞ多くて、心深きも、ことにさる歌に多かるは、みな花は盛りをのどかに見(5)まほしく、(6)月はくまなからむことを思ふ心のせちなるからこそ、さもえあらぬを嘆きたる(7)なれ。いづこの歌にかは、花に風を待ち、月に雲を願ひたるは有らん。さるをかの法師がいへるごとくなるは、人の心にさかひたる、後の世の(8)さかしら心の、つくり風流《みやび》にして、まことのみやび心には有らず。かの法師がいへる言ども、このたぐひ多し。皆同じ事なり。すべてなべての人の願ふ心にたがへるを雅《みやび》とするは、つくりごとぞ多かりける。恋に、あへるをよろこぶ歌は、心深からで、あはぬをなげく歌のみ多くして、心深きも、逢ひ見むことを願ふからなり。人の心は、うれしき事は、さしも深くはおぼえぬものにて、ただ心にかなはぬことぞ、深く身にしみておぼゆるわざなれば、すべてうれしきを詠める歌には、心深きはすくなくて、心にかなはぬすぢを、悲しみ憂へたるに、あはれなるは多きぞかし。然りとて、わびしく悲しきを、みやびたりとて願はむは、(9)人のまことの情《こころ》ならめや。

(『玉勝間』より)

問1　傍線部(1)・(8)の意味として最も適当なものを次の中から選べ。（4点×2）

(1)
㋑愚痴を言う
㋺悪口を言う
㋩是非を言う
㋥非難を言う

(8)
㋑ひとりよがりのにせの風流
㋺利口ぶった見せかけの風流
㋩おせっかいのにわか風流
㋥思わせぶりのいかさま風流

問2　傍線部(2)からは兼好のどのような主張が読みとれるか、最も適当なものを次の中から選べ。（6点）

㋑花盛りや満月を賞《め》でるのは、平凡でみやびとするには不十分である。
㋺花盛りや満月の情景は人に深い感動を与えることが多いのである。
㋩花盛りや満月を詠じた歌には凡人の心がこもっていてすばらしい。
㋥花盛りや満月を愛するより風や雲を恐れることにこそ真実味がある。

問3　傍線部(3)・(6)に通じる歌境の作を次の中から選べ。（6点×2）

(3)
㋑咲き匂《にほ》ひ風待つほどの山桜人の世よりは久しかりけり
㋺花の色は霞にこめて見せずとも香をだにぬすめ春の山風
㋩梅の花散らまくをしみ我が園の竹の林に鶯鳴くも
㋥花散らす風のやどりはたれか知るわれに教へよゆきて怨みむ

(6)
㋑朝霞春日の暮は木の間よりいざよふ月をいつしかも見む
㋺散る紅葉夜もみよとや月影の梢《こずゑ》残らず照りわたるらむ
㋩大空の月の光し寒ければ影見し水ぞまづこほりける
㋥鵲《かささぎ》の峰飛び越えて鳴き行けば夏の夜渡る月ぞかくるる

問4 傍線部(4)の「待ち惜しむ」ものは何と何か、それぞれ文中の語を抜き出して答えよ。（7点）

問5 傍線部(5)・(7)の助動詞の意味を次の中から選べ。また活用形を書け。（3点×2）

㋑回想　㋺婉曲　㋩断定　㋥完了　㋭願望

問6 傍線部(9)において、宣長は結局どのように主張しているのか、最も適当なものを次の中から選べ。（6点）

㋑人間の情理を兼ね備えることが、歌にとって大切なことである。
㋺人間の誠実な気持を詠ずるものこそ、本当の歌である。
㋩人間の感情を、素直に表現するのが本来の歌である。
㋥人間の情感は、悲哀のこもった歌にこそ表現される。

問7 『玉勝間』の著者本居宣長の著作を次の中から一つ選べ。（5点）

㋑万葉考　㋺春　㋩古事記伝
㋥折たく柴の木　㋭万葉代匠記

第10回 問題 QUESTION

物語『落窪物語』

次の文章を読んで、問いに答えよ。

（立命館大学）

今は昔、中納言なる人の、女あまた持たまへるおはしき。大君、中の君には婿どりして、西の対、東の対に、はなばなとして住ませたてまつりたまふに、「三四の君、裳着せたてまつりたまは(1)む」とて、かしづき(注1)そしたまふ。また時々(ア)通ひたまひける(注2)わかうどほり腹の君とて、母もなき御女おはす。北の方、心やいかがおはしけむ、つかうまつる御達の数にだに思さず、寝殿の放出《はなちいで》の、また一間なる落窪なる所の、二間なるになむ住ませたまひける。君達とも言はず、御方とはまして言はせたまふべくもあらず。名をつけむとすれば、さすがに、おとどの思す心あるべしとつつみたまひて、「落窪の君と言へ」と(イ)のたまへば、人々もさ言ふ。おとども、児より(ウ)らうたくや思しつかずなりにけむ、まして北の方の御ままにて、わりなきこと多かりけり。はかばかしき人もなく、乳母もなかりけり。ただ、親のおはしける時より使ひつけたる童の、され(注3)たる女、後見とつけて使ひたまひけり。あはれに思ひかはして、片時離れず。さるは、この君のかたちは、かく(エ)かしづきたまふ御女どもよりもおとるまじけれど、出で交ふことなくて、あるものとも知る人もなし。やうやう物思ひ知るままに、世の中のあはれに心うきをのみ思されければ、かくのみぞうち嘆く。

解答時間
20分
目標得点
40／50点
学習日
／
解答頁
P.84

日にそへて(オ)うさのみまさる世の中に心(カ)つくしの身をいかにせむ

と言ひて、いたう物思ひ知りたるさまにて。おほかたの心ざま聡くて、琴なども習はす人あらば、(キ)いとよくしつべけれど、誰かは教へ(2)む。母君の、六つ七つばかりにておはしけるに、習はし置いたまひけるままに、箏《しやう》の琴を世にをかしく弾きたまひければ、当腹《むかひばら》の三郎君、十ばかりなるに、琴心にいれたりとて、「これに習はせ」と、北の方のたまへば、時々教ふ。つくづくと暇のあるままに、物縫ふことを習ひければ、いとをかしげにひねり縫ひたまひければ、「いとよかめり。(ク)ことなるかほかたちなき人は、物まめやかに習ひたるぞよき」とて二人の婿の装束、いささかなるひまなく、かきあひ縫はせたまへば、しばしこそ物いそがしかりしか、夜も寝《い》も寝《ね》ず縫はす。いささかおそき時は、「かばかりのことをだに、ものうげにしたまふは、何を役にせ(3)むとなら(4)む」と責めたまへば、嘆きて、いかでなほ消えうせぬるわざもがなと嘆く。三の君に御裳(ケ)着せたてまつりたまひて、やがて蔵人の少将あはせたてまつりたまひて、いたはりたまふこと限りなし。落窪の君、まして暇なく、苦しきことまさる。若くめでたき人は、多くかやうのまめわざする人や少なかりけ(5)む、あなづりやすくて、いとわびしければ、うち泣きて縫ふままに、

世の中に(コ)いかであらじと思へどもかなはぬものはうき身なりけり

（『落窪物語』より）

（注）
1　かしづきそしたまふ――熱心にお世話なさる。
2　わかうどほり腹――皇族の女の腹に生まれたこと。
3　されたる女――気のきいた女の意。

問1　傍線部(ア)の「通ひたまひける」、(イ)の「のたまへば」、(エ)の「かしづきたまふ」、(ケ)の「着せたてまつりたまひて」の主語はそれぞれ何か。最も適当と思われるものを、次の中からそれぞれ一つずつ選べ。（2点×4）

①後見　②大君　③中の君　④三の君
⑤北の方　⑥中納言　⑦落窪の君　⑧蔵人の少将

問2　傍線部(ウ)の「らうたくや思しつかずなりにけむ」、(キ)の「いとよくしつべけれど」をそれぞれ現代語訳せよ。（5点×2）

問3　傍線部(オ)の「うさ」、(カ)の「つくし」は、それぞれ「宇佐（うさ）」「筑紫（つくし）」との掛詞になっている。それらは何と何の掛詞か。解答欄に従って、漢字を用いて書け。（3点×2）

解答欄　(オ)「うさ」は宇佐と□の掛詞。
(カ)「つくし」は筑紫と□の掛詞。

問4　傍線部(ク)の「ことなるかほかたちなき人」の説明として、最も適当と思われるものを、次の中から選べ。（3点）

①容貌の優れていない普通の女のこと
②容貌の特異な女のこと
③落窪の君の容貌が格別悪くはないこと
④落窪の君の容貌が異様に感じられること
⑤二人の婿が同じような容貌をしていること
⑥二人の婿が特別な容貌をしていないこと

問5　傍線部(コ)の「いかであらじと思」うという気持ちと共通する内容を述べている部分を、本文中から二十字以内で抜き出して書け。（5点）

問6　二重傍線部(1)〜(5)の「む」の文法的説明として最も適当と思われるものを、次の中からそれぞれ一つずつ選べ。（2点×5）

①意志の助動詞　②意志の助動詞の一部
③現在推量の助動詞　④現在推量の助動詞の一部
⑤過去推量の助動詞　⑥過去推量の助動詞の一部
⑦推量の助動詞　⑧推量の助動詞の一部

問7　本文の内容と合致するものを、次の中から**二つ**選べ。（3点×2）

①中納言には多くの夫人がおり、西の対、東の対に住まわせ、また、第三、第四の夫人にもかしづかせていた。
②北の方が落窪の君と名をつけたのは、中納言の心情を少し遠慮して、妥協してのことである。
③親は亡くなっていたが、落窪の君にはたいへん気のきいた侍女がつき、片時も離れず世話をしていた。
④落窪の君が器用だと気付いた北の方は、自分の息子を琴の師範にして習わせた。
⑤落窪の君は、縫い物がたいへん上手だったので、北の方は将来に期待をかけていた。
⑥落窪の君は、頼まれた縫い物が多かったため、蔵人の少将と忍び逢う時間がなかった。

問8　『落窪物語』と同様に「継子いじめ話」に属する作品を、次の中から一つ選べ。（2点）

①伊勢物語　②住吉物語　③大鏡　④太平記　⑤とりかへばや物語

第11回

問題
QUESTION

物語『源氏物語』―若紫―

解答時間
20分
目標得点
40 / 50点
学習日
／
解答頁
P.94

次の文章は、『源氏物語』「若紫」の巻の一節である。これを読んで、後の問に答えなさい。

（聖心女子大学）

光源氏は、偶然垣間見た少女・紫《むらさき》の上《うえ》（本文では「若君」「君」）に惹《ひ》かれ、彼女を理想通りに育ててみたいと考えていた。そこで紫の上が唯一の家族であった祖母を亡くすと、ある晩、紫の上とその乳母《めのと》の少納言《しょうなごん》を強引に連れ出し、自らの邸の「西の対《たい》」という建物に二人を住まわせることにした。

1 こなたは住みたまは(a)ぬ対(注1)なれば、御帳(注2)などもなかりけり。惟光(注3)召して、御帳、御屏風(注2)など、あたりあたりしたて(b)させたまふ。御几帳(注2)の帷子《かたびら》引き下ろし、御座(注2)などただひきつくろふばかりにてあれば、東《ひむがし》の対《たい》に御宿直物(注4)召しに遣《つか》はして大殿籠《おほとのごも》りぬ。若君は、いとむくつけう、いかにすることならむと震《ふる》は(c)れたまへど、Aさすがに声たててもえ泣きたまはず、「少納言がもとに寝む」とのたまふ声いと若し。「今は、さは(1)大殿籠るまじきぞよ」と教へきこえたまへば、Xいとわびしくて泣き臥《ふ》したまへり。乳母《めのと》はうちも臥されず、ものもおぼえず起きゐたり。

2 明けゆくままに見わたせば、御殿《おとど》の造りざま、しつらひざまさらにもいはず、庭の砂子《すなご》も玉を重ねたらむやうに見えて、輝《かかや》く心地するに、Yはしたなく思ひゐたれど、こなたには女などもさぶらはざりけり。うとき客人《まらうと》などの参るをりふしの方《かた》なりければ、男どもぞ御簾《みす》の外にありける。かく人迎へたまへり、とほの聞く人は、「誰ならむ。B おぼろけにはあらじ」とささめく。

[3] 御手水《てうず》、御粥《かゆ》などこなたにまゐる。日高う寝起きたまひて、「C 人なくてあしかんめるを、さるべき人々、夕づけてこそは迎へさせたまはめ」とのたまひて、対《たい》に童《わらは》べ(2)召しに遣《つか》はす。「小さきかぎり、ことさらに参(3)れ」とありければ、いとをかしげにて四人参りたり。君は御衣《ぞ》にまとはれて臥したまへるを、せめて起こして、「から心憂《こころう》くなおはせそ。すずろなる人は、かうはあり(d)なむや。女は、心やはらかなる(e)なむよき」など今より教へきこえたまふ。御容貌《かたち》は、さし離れて見しよりも、いみじう清《きよ》らにて、なつかしううち語らひつつ、をかしき絵、遊び物ども取りに遣はして見せたてまつり、御心につくことどもをしたまふ。やうやう起きゐて見たまふに、鈍色(注5)のこまやかなるがうち萎《な》えたるどもを着て、何心なくうち笑《ゑ》みなどしてゐたまへるがいとうつくしきに、Z 我もうち笑まれて見たまふ。

(『源氏物語』より)

(注)
1 対《たい》——寝殿造において、中心の建物である寝殿の周囲に置かれた別棟の建物。
2 御帳《みちやう》・御屏風《びやうぶ》・御几帳《みきちやう》・御座《おまし》——当時の室内に置かれた調度品。御帳・御屏風・御几帳は室内を仕切る道具。御座は敷物。
3 惟光《これみつ》——光源氏の家来。 4 御宿直物《とのゐもの》——寝具。
5 鈍色《にびいろ》——当時、喪服に用いたねずみ色。紫の上は祖母の喪に服している。

問1 傍線部A「さすがに声たててもえ泣きたまはず」・B「おぼろけにはあらじ」・C「人なくてあしかんめるを」の現代語訳として最も適当なものを、次の①～⑤からそれぞれ一つずつ選べ。(3点×3)

A さすがに声たててもえ泣きたまはず

① そうはいっても声を上げてお泣きにもなれず
② 却《かえ》って声を上げてお泣きになることもできず
③ 思った通り声を上げてお泣きにもなりそうで
④ 偉いもので声を上げてお泣きにもならなくて
⑤ やはり声を上げてお泣きになることもなくて

B おぼろけにはあらじ

① ありきたりの人に違いない
② はっきり見ることはできまい
③ 並大抵のお方ではあるまい
④ 覚えている人はいないだろう
⑤ 高貴なお方ではないだろう

C 人なくてあしかんめるを

① 人がいないのか確かめようと思うので
② 人がいないとしたら不足に違いないので
③ 人がいないと後ろめたくお思いだから
④ 人がいなくて不自由なように見えるので
⑤ 人がいなかったら寂しく思われるから

問2　二重傍線部(a)〜(c)の助動詞の意味として適当なものを、次の中からそれぞれ一つずつ選べ。（2点×3）

①推量　②受身　③可能　④打消
⑤自発　⑥尊敬　⑦完了　⑧使役

問3　二重傍線部(d)・(e)「なむ」の文法的説明として適当なものを、次の中からそれぞれ一つずつ選べ。（2点×2）

①他への希望の終助詞「なむ」
②完了の助動詞「ぬ」＋推量の助動詞「む」
③ナ変動詞の活用語尾＋推量の助動詞「む」
④強意の係助詞「なむ」
⑤マ行四段活用助詞「なむ」

問4　波線部(1)「大殿籠る」・(2)「召し」・(3)「参れ」は誰の動作を指しているか。適当なものを次の中からそれぞれ一つずつ選べ。（3点×3）

①光源氏　②紫の上　③少納言　④惟光　⑤童べ

問5　点線部X「いとわびしくて泣き臥《ふ》したまへり」の解釈として最も適当なものを、次の中から一つ選べ。（4点）

①紫の上は、少納言から引き離されたことで不安な気持ちになった。
②紫の上は、光源氏に諭されたことでみじめで恥ずかしく思った。
③紫の上は、調度品が整わない室内にみすぼらしい気分になった。
④少納言は、紫の上と一緒に眠ることができずに悲しく思った。
⑤少納言は、紫の上のみじめな境遇を思うとかわいそうになった。

問6　点線部Y「はしたなく思ひゐたれど」の解釈として最も適当なものを、次の中から一つ選べ。（4点）

①少納言は、心配のあまり美しい庭の様子も目に入らないでいる。
②少納言は、あまりにも立派な邸の様子に気が引ける思いでいる。
③紫の上は、今後自分がどのように扱われるか不安に思っている。
④光源氏は、男どもがどう思っているか決まりが悪く感じている。
⑤光源氏は、紫の上が起きないので、手持ち無沙汰に思っている。

問7　点線部Z「我もうち笑まれて見たまふ」とあるが、誰の、どのような気持ちが込められているか。わかりやすく説明せよ。（7点）

問8　本文の内容に合致するものを、次の中から一つ選べ。（4点）

①西の対には見事な調度品が揃えられ、女房たちが控えていた。
②紫の上は、即座に光源氏邸の素晴らしい様子に心を奪われた。
③紫の上は、自分と同じ年頃の童たちが来たことで安心をした。
④光源氏は、紫の上の機嫌をとるために、早朝から起き出した。
⑤光源氏は、突然の事態に不安がる紫の上を様々に教え諭した。

問9　『源氏物語』より後の時代に成立した作品の組み合わせとして正しいものを、次の中から一つ選べ。（3点）

①蜻蛉日記・新古今和歌集
②日本霊異記・徒然草
③宇津保物語・風土記
④狭衣物語・平中物語
⑤宇治拾遺物語・雨月物語

物語『源氏物語』―御法―

次の文章は、『源氏物語』の一節で、紫の上が死去し、悲嘆に暮れる光源氏に、秋好中宮が弔問の手紙を送った場面である。これを読んで、後の問いに答えなさい。

（國學院大学）

解答時間
20分
目標得点
40／50点
学習日
／
解答頁
P.104

1

冷泉院（注1）の后の宮よりも、あはれなる御消息《せうそこ》絶えず、(a)つきせぬことども聞こえたまひて、

「枯れはつる野辺を憂しとや亡《な》き人の秋に(1)心をとどめざりけむ

今なむことわり（注2）(2)知られはべりぬる」とありけるを、(b)ものおぼえぬ御心にも、うち返し、置きがたく見たまふ。言ふかひあり、をかしからむ方の慰めには、(c)この宮ばかりこそおはしけれと、いささかのもの紛るるやうに思《おぼ》し続くるにも(3)涙のこぼるるを、袖の隙《いとま》なく、え書きやりたまはず。

のぼりに(一)し雲居ながらも(4)かへり見よ我《われ》あきはて(二)ぬ常なら(三)ぬ世に

おし包みたまひても、とばかりうちながめて(5)おはす。

2

(d)すくよかにも思されず、我ながら、ことのほかにほれぼれしく思し知らるること多かる紛らはしに、女方（注3）にぞ(四)おはします。仏の御前に(e)人しげからずもてなして、のどやかに行ひたまふ。千年《ちとせ》をももろともにと思ししかど、限りある別れぞXいと口惜しきわざなりける。今は蓮（注4）の露も他事《ことごと》に(五)紛るまじく、後《のち》の世を

と、ひたみちに思し立つことたゆみなし。されど人聞きを憚《はばか》りたまふなむ、(f)あぢきなかりける。

3 御わざのことども(注5)、はかばかしくのたまひおきつることなかりければ、大将の君(注6)なむとりもちて仕うまつりたまひける。今日やとのみ、わが身も心づかひせられたまふをり多かるを、はかなくて、Y積もりにけるも、夢の心地《ここち》のみす。

（『源氏物語』より）

（注）
1　冷泉院の后の宮――秋好中宮。紫の上は母のような存在。
2　ことわり――昔、秋好中宮と紫の上とが春秋の優劣を争った際、紫の上が秋を好まないと言った理由。
3　女方《をむながた》――侍女たちのいる奥の部屋。
4　蓮《はちす》の露――極楽往生の願い。
5　御わざのことども――七日ごとに行う法要。
6　大将の君――光源氏の長男、夕霧。

12

問1　二重傍線部(1)〜(5)の主語の組み合わせとして最も適当なものを、次の㋐〜㋔の中から一つ選べ。（3点）

㋐ (1) 光源氏　(2) 光源氏　(3) 紫の上　(4) 光源氏　(5) 光源氏
㋑ (1) 光源氏　(2) 秋好中宮　(3) 紫の上　(4) 光源氏　(5) 秋好中宮
㋒ (1) 紫の上　(2) 秋好中宮　(3) 紫の上　(4) 光源氏　(5) 光源氏
㋓ (1) 紫の上　(2) 秋好中宮　(3) 光源氏　(4) 紫の上　(5) 光源氏
㋔ (1) 紫の上　(2) 光源氏　(3) 光源氏　(4) 紫の上　(5) 秋好中宮

問2　傍線部(a)の現代語訳として最も適当なものを、次の中から一つ選べ。（4点）

㋐ 尽きることがない悲しみを申し上げなさって
㋑ 手紙が到着しないという不満を申し上げなさって
㋒ 光源氏の悲嘆が尽きることがないとお聞きになって
㋓ 弔問にはふさわしくない言葉の数々を申し上げなさって
㋔ 紫の上との関係が終わってしまったということを申し上げなさって

問3　傍線部(b)「ものおぼえぬ御心」とはどういうことか。最も適当なものを、次の中から一つ選べ。（4点）

㋐ 紫の上が病気のために、前後不覚に陥ったということ
㋑ 秋好中宮は若いので、常識をわきまえていないということ
㋒ 光源氏が悲しみのあまり、物事の判断ができないということ
㋓ 光源氏は年をとったので、記憶力が乏しくなったということ
㋔ 秋好中宮が悲しみのために、昔のことを忘れているということ

問4　傍線部(c)「この宮ばかりこそおはしけれ」とはどういうことか。最も適当なものを、次の中から一つ選べ。(4点)

㋐趣深く風流な紫の上を慰めてくれた人は、秋好中宮だけだったということ
㋑光源氏が風情のある人だとわかってくれるのは、秋好中宮だけだったということ
㋒紫の上にとって、相談しがいがあり、心慰められる人は、秋好中宮だけだったということ
㋓病身の紫の上を慰めるためにお見舞いにいらっしゃったのは、秋好中宮だけだったということ
㋔光源氏にとって、期待通りの反応をしてくれる人は、今となっては秋好中宮だけであったということ

問5　傍線部(d)・(f)の意味として、最も適当なものを、次の中からそれぞれ一つずつ選べ。(2点×2)

(d)　㋐気丈に　㋑強情に　㋒好意的に
　　㋓積極的に　㋔無愛想に

(f)　㋐趣がないことだった　㋑情けないことだった　㋒はかないことだった
　　㋓そっけないことだった　㋔ゆるぎないことだった

問6　傍線部(e)「人しげからずもてなして」とはどういうことか。最も適当なものを、次の中から一つ選べ。（3点）

㋐僧侶を何度も寺から招かないということ
㋑大勢の人をそばに控えさせないということ
㋒少ない人数で弔問客を接待するということ
㋓侍女たちを分け隔てなくあつかうということ
㋔紫の上の法要にあまり人を呼ばないということ

問7　点線都の助動詞㈠〜㈢の意味として最も適当なものを、次の中からそれぞれ一つずつ選べ。（2点×3）

㋐打消　㋑完了　㋒断定　㋓伝聞　㋔過去

問8　点線部の動詞㈣「おはします」・㈤「紛る」の、1活用の行・2活用の種類・3活用形は何か。該当するものを、次の㋐〜㋔の中からそれぞれ一つずつ選べ。（2点×6）

1　㋐ガ行　㋑サ行　㋒ハ行　㋓バ行　㋔マ行　㋕ラ行
2　㋐四段活用　㋑上一段活用　㋒上二段活用　㋓下一段活用　㋔下二段活用　㋕変格活用
3　㋐未然形　㋑連用形　㋒終止形　㋓連体形　㋔已然形　㋕命令形

問9　波線部X「いと口惜しきわざなりける」とは何についていっているのか。最も適当なものを次の中から一つ選べ。（4点）

㋐ 極楽往生は難しいこと
㋑ 人間には寿命があること
㋒ 出家の決意ができないこと
㋓ 法要を盛大にできないこと
㋔ 火葬しなければいけないこと

問10　波線部Y「積もりにける」とはどういうことか。最も適当なものを次の中から一つ選べ。（3点）

㋐ 修行を多く積んだということ
㋑ 悲嘆ばかりが募ったということ
㋒ 法要の準備が重なったということ
㋓ あっけなく月日が経ったということ
㋔ この世は俗塵《ぞくじん》にまみれているということ

問11　『源氏物語』より後に成立した物語を、次の中から一つ選べ。（3点）

㋐ 伊勢物語　㋑ 落窪物語　㋒ 狭衣物語
㋓ 竹取物語　㋔ 宇津保物語

メモ

【読んでおきたい!! ジャンル別入試頻出作品ベスト5】

ジャンル	順位	作品名	作者・著者	成立	種類
説話	1	今昔《こんじゃく》物語集	未詳	平安	世俗
	2	十訓抄《じっきんしょう》	未詳	鎌倉	世俗
	3	宇治拾遺《うじしゅうい》物語	未詳	鎌倉	世俗
	4	沙石集《しゃせきしゅう》	無住《むじゅう》	鎌倉	仏教
	5	発心集《ほっしんしゅう》	鴨長明《かものちょうめい》	鎌倉	仏教
物語	1	源氏《げんじ》物語	紫式部《むらさきしきぶ》	平安	その他
	2	今鏡《いまかがみ》	藤原為経？	平安	歴史物語
	3	浜松中納言《はままつちゅうなごん》物語	菅原孝標女？	平安	その他
	4	大和《やまと》物語	未詳	平安	歌物語
	5	宇津保《うつほ》物語	源順《したごう》？	平安	その他
日記	1	蜻蛉《かげろう》日記	藤原道綱母《みちつなのはは》	平安	―
	2	とはずがたり	後深草院二条	鎌倉	―
	3	和泉式部《いずみしきぶ》日記	和泉《いずみ》式部	平安	―
	4	更級《さらしな》日記	菅原孝標女《すがわらのたかすえのむすめ》	平安	―
	5	讃岐典侍《さぬきのすけ》日記	藤原長子《ちょうし》	平安	―
随筆（評論）	1	枕草子《まくらのそうし》	清少納言《せいしょうなごん》	平安	随筆
	2	俊頼髄脳《としよりずいのう》	源俊頼	平安	評論
	3	無名抄《むみょうしょう》	鴨長明	鎌倉	評論
	4	無名草子《むみょうぞうし》	藤原俊成女？	鎌倉	評論
	5	玉勝間《たまかつま》	本居宣長《もとおりのりなが》	江戸	評論

※大学入試問題約１０００回分（主要28大学の各学部×10年分）の出典を集計。詳細は『レベル②』を参照。
※これらの作品は入試頻出です。特に私大文系を目指す人は、最低限「概要」だけでも把握しておきましょう。出題されたときに非常に有利になります。

NAME